PAR-DELÀ
L'AUTOMNE

PAUL TREMBLAY

PAR-DELÀ
L'AUTOMNE

ESSAI SUR LA VIE

ANNE
SIGIER

1073, boul. René-Lévesque Ouest • Québec Canada • GIS 4R5 • (418) 687-6086

Les citations de la Bible sont tirées de *La Bible, Nouvelle traduction*, Bayard Médiaspaul, 2001. À une différence près : la Bible cite le nom de Yahvé suivant la graphie en hébreu : Yhwh. Nous écrivons Yaweh pour faciliter la lecture.

En couverture : *Cypresses*, peinture de Sue Loder

Dépôt légal : Bibliothèques nationales du Québec et du Canada
2ᵉ trimestre 2005

ISBN 2-89129-474-2

Imprimé au Canada

Distribution
Canada : Messageries ADP — France : AVM
Belgique : Alliance Services — Suisse : Albert le Grand

www. annesigier.qc.ca

• Nous reconnaissons l'aide financière du gouvernement du Canada
par l'entremise du Programme d'aide au développement de l'industrie de l'édition (Padié)
pour nos activités d'édition consacrées à la publication
des ouvrages reconnus admissibles par le ministère du Patrimoine canadien.

• Nous remercions le gouvernement du Québec (SODEC) de son appui financier.

• En raison de leur spécialisation et de leurs politiques éditoriales,
les Éditions Anne Sigier ne reçoivent aucune aide financière
du Conseil des arts du Canada.

What we call the beginning is often the end.
And to make an end is to make a beginning.
The end is where we start from.

T. S. Eliot

Mot de l'éditeur

À LA SUITE d'un long combat contre la maladie, mon ami Paul Tremblay est décédé le 19 mars dernier, jour de la Saint-Joseph.

Quelques jours auparavant, j'avais pu lui faire savoir que notre travail sur son manuscrit était terminé et que nous mettions sous presse la semaine suivante. Il en avait éprouvé une satisfaction apaisante, comme s'il avait été conforté dans le sentiment de laisser quelque chose de son passage parmi nous. Sans diminuer le poids de son nouveau livre, je souhaite simplement que Paul, en ces temps difficiles, ait pu mesurer, par la présence et les confidences de chacun, l'immense capital humain qu'il nous a légué, qui vaut infiniment plus que ces pages imprimées.

Paul Tremblay était un homme remarquable, d'une vaste culture et d'une exquise humilité qui, en contrepoids, le préservait de la lourdeur des donneurs de leçon. Il a laissé sa marque dans toutes les sphères d'activité où il fut prodigue de son talent, de ses capacités, de sa philanthropie. On sentait facilement la passion affleurer quand il s'affrontait aux questions difficiles, aux enjeux d'importance en matière sociale, ecclésiale ou communautaire. Mais même dans le vif du moment, dans l'intensité des échanges, il ne se départissait jamais de sa courtoisie, de son élégance, sans céder à la compromission.

Son souci de l'autre, de ses frères et sœurs en humanité, est partout présent en ces pages. Mais comment a-t-il pu tourner sereinement son regard vers l'avenir, au-delà de l'automne, en abolissant les appréhensions de l'hiver, pour se préoccuper du printemps qu'il voyait poindre dans la vie des autres, de son Église et du monde, alors qu'il se doutait bien qu'il n'y atteindrait pas? Comment expliquer pareille résolution dans la détermination d'achever ce projet de publication sans évoquer la foi de Paul en Dieu et en l'homme et son amour du prochain, qui n'était jamais autre, pour lui, que le plus immédiat?

En début d'année, il me confiait son manuscrit avec ces mots: «Vous m'aviez demandé un manuscrit... Votre question a été pour moi un incitatif majeur. En septembre, craignant les longues journées d'automne et d'hiver, je me suis mis à la tâche. Avec entrain, avec enthousiasme même. À l'ordinateur, j'oubliais tous mes malaises. Merci de vos encouragements... »

À mon tour, Paul, je vous remercie des encouragements que vous nous offrez avec ce livre, en nous invitant à redresser la tête, à reprendre vigueur devant l'adversité, pour atteindre les jours meilleurs qui sont là, forcément, au-devant de nous, au bout de nos efforts. Accompagnez-nous en cours de route, éclairez-nous un peu le chemin en laissant filtrer de cette lumière du printemps éternel qui vous éblouit dès à présent et pour toujours.

Anne Sigier

Le temps qu'il fait

❧

*L*E PRINTEMPS est la saison des promesses. L'automne est la saison des fruits. Le printemps est un temps de fébrilité, l'automne un temps de fécondité.

Le printemps et la jeunesse sont temps de semences, de projets, temps des premiers engagements personnels. Puis viennent l'été et l'âge adulte, temps des réalisations, des journées pleines, des investissements de tous ordres, familiaux, professionnels, sociaux. Puis un jour arrive l'âge de l'automne.

L'automne est une saison d'abondance et de dépouillement, saison de contrastes, qui souffle le chaud et le froid. Des restes d'été, les premiers frimas, les derniers soleils. Saison de flamboiement de la nature avant son complet dénuement. Saison des odeurs, des feuilles et des brumes, saison des longs vols d'oiseaux en direction du sud.

L'automne est un temps de récolte, le temps des engrangements. Il peut être plus riche que le printemps, si seulement on veille au grain qui a mûri et si l'on sait cueillir les fruits en pleine maturité, avant qu'ils ne tombent ou soient piétinés et pourrissent. L'hiver qui suit ne sera pas dénudé si la récolte a été engrangée. Le retrait de la sève pourra servir de prélude à un nouveau printemps.

Il y a l'automne dans la vie personnelle. Fin de la cinquantaine, début de la soixantaine. Comment entrerai-je dans cet automne? Le temps se fait bref, les jours moins longs, le souffle plus court. Qu'y a-t-il dans mes réserves? Vivrai-je l'automne à plein? Je l'accueille en paroles, je constate que mon paysage intérieur et extérieur change. Désormais, mon pays, ce sera l'automne. Mais l'automne venu, où serai-je? Qui serai-je? Quelles seront mes nourritures d'automne? Quelle sera ma foi d'automne? Quel sera mon Évangile d'automne? Quels seront mes fruits d'automne?

Il y a l'automne dans la vie de l'Église. Celle-ci est entrée depuis quelques décennies en pleine période de dépouillement. Elle se retrouve comme un arbre défeuillé, comme une forêt dévastée. Ses fils et ses filles sont partis ailleurs. La maison est désormais quasiment vide. Il faut recycler les églises devenues trop nombreuses pour le petit nombre de pratiquants du dimanche, même si on se désole de voir disparaître les lieux de tant de souvenirs: les jours de baptême, les jours de mariage, les jours de deuil. Il n'y a plus guère de propos de renouveau et de printemps; il faut faire face au déclin, à la décroissance.

Dans cette nouvelle saison, imprévue et bouleversante, quel est pour l'Église elle-même l'Évangile qui s'annonce? Un Évangile d'automne pour temps de dépouillement. Autrefois, on écrivait des apocalypses pour les temps de persécution et d'anéantissement. Ou des livres de sagesse au temps de l'exil, des livres inspirés par le contexte et les meilleurs fruits de la culture en terre étrangère et païenne. Comment écrire aujourd'hui l'Évangile dans une Église ébranlée, vieillie et affaiblie? Comment peut-elle vivre ce temps de dépouillement en terre séculière? Quels seront son bagage et son message d'automne? À quels délestages devra-t-elle consentir? Quels fruits peut-elle apporter au monde à travers et dans l'automne qui la frappe?

Il y a l'automne à l'échelle planétaire. Au tournant de l'an deux mille, le xxie siècle s'annonçait comme un temps de paix et de prospérité. Comme une sorte de printemps après un siècle sanglant marqué par deux guerres mondiales et une longue guerre froide. La chute du mur de Berlin à l'automne 1989 et l'implosion de l'URSS qui a suivi devaient marquer la fin du déchirement du monde entre deux blocs. Puis vint le drame du 11 septembre 2001. Avec les tours qui tombent au milieu de Manhattan, c'est aussi toutes les bulles de rêve qui éclatent et s'effondrent. C'est le monde entier qui est ébranlé jusque dans ses fondations par le terrorisme aveugle. La guerre «globale» déclarée contre la terreur, une guerre de l'ombre, dans les médias, sans terrain de bataille géographiquement situé, sans armées qui seraient dressées les unes contre les autres. Le feu et le sang en Irak. L'insécurité partout. Les économies occidentales au ralenti ou en récession. Un monde éclaté.

La première décennie du xxie siècle a commencé par un automne tragique. Comment traverser cet automne qui pourrait être long? Comment vivre ces «années septembre»? À quels renoncements sommes-nous désormais conduits? Où trouver maintenant la sécurité perdue? Dans une improbable sécurité mur à mur? Sous quels nouveaux boucliers protecteurs? Ou faut-il accepter tout bonnement l'image d'un monde irrémédiablement cassé? Y a-t-il quelque bonne nouvelle à travers cet automne imprévu? Cette terre en tohu-bohu serait-elle au bord d'une création nouvelle?

Dans ce chaos peut-être initial, les religions apparaissent souvent comme des forces de division et des sources de fanatisme. L'Occident reste notamment inquiet et impuissant face à l'islamisme militant et exacerbé. On s'inquiète également de la fièvre religieuse fondamentaliste qui envahit le champ politique en Amérique. Toutes les religions n'ont-elles pas un examen à faire de leur discours et de leurs pratiques? Tout au long de l'histoire biblique, c'est au creux des événements politiques et sociaux – la libération d'Égypte, la royauté, l'exil à Babylone, la *shoah* des Maccabées, la destruction du temple – que la foi d'Israël s'est révélée, purifiée, précisée. Quelle sera la foi du temps présent? À quel discernement, à quelle révision, à quels approfondissements sommes-nous appelés? Quelles sont, en ces années de mutation du monde, les attentes de la société à l'égard des croyants?

C'est la triple réflexion à laquelle convie ce livre. Le temps qu'il fait, il faut le dire. Comme le recommandait l'apôtre Pierre, à l'instar des prophètes: «Les prophètes se sont efforcés de découvrir le moment et le mode que leur indiquait le Souffle du Christ» (1 P 1,11). Comme le recommandait aussi l'apôtre Paul: «Soyez vigilants. Votre conduite est-elle sage ou pas? Tirez parti des temps présents, les jours sont si mauvais, mais ne devenez pas insensés, comprenez quelle est la volonté du Seigneur... et laissez-vous remplir du Souffle» (Ép 5,15-18).

Je chercherai les voies par lesquelles la foi peut se dire au milieu de cette saison, comment s'y écrit à travers tout ce qui arrive une sorte d'évangile d'automne. Le mot «Évangile» veut dire «bonne nouvelle». Ce temps qui est le nôtre, le seul qui nous soit donné, ce temps d'automne est virtuellement porteur de quelle bonne nouvelle? J'en propose ici une relecture à l'aide de certaines pages clés de la Bible qui donnent à penser et qui gardent un véritable pouvoir de contestation et de critique sur nos vies et sur la vie du monde. Elles nous serviront comme autant de prismes pour faire apparaître les couleurs et les défis de l'âge ou de la période présente. Chaque saison apportant son lot de travaux et de besognes à faire, j'indiquerai quelques-unes des tâches particulières qui s'imposent aux croyants et aux citoyens de ce temps.

PREMIÈRE PARTIE

L'automne dans la vie personnelle

❧

L'AUTOMNE DE LA VIE... On voudrait le retarder. Mais il fonce sur nous un jour ou l'autre, comme la pluie et le vent du nord. Il apporte avec lui des frissons et des craintes, mais aussi un air frais, tonique, une lumière douce, des paysages fantastiques.

C'est une saison de transition. À travers contrastes et contradictions : les feuilles en feu, les feuilles mortes, le jardin plein, le jardin vide, l'abondance, le dépouillement. Ainsi de l'automne qui entre dans nos vies : il multiplie contrastes et contradictions. Il nous faut naviguer entre hier et maintenant, souvenirs et réalité, don et pardon, attachement et détachement, santé et maladie, ici et ailleurs. Comment vivre cette longue transition ?

Maintenant

❦

J'aurais aimé passer ma vie à ne pas dire un mot ou bien juste les mots nécessaires à la venue de l'amour et de la clarté, très peu de mots en vérité, beaucoup moins que de feuilles sur les branches du tilleul.

Christian Bobin

QUAND ARRIVE L'AUTOMNE, on veut goûter à fond les dernières douceurs de l'été, la douce mollesse du soleil oblique, qui n'est bon qu'en après-midi. C'est septembre tiède et moite, l'été qui traîne, le froid qui avance à petits pas. On voudrait cueillir les odeurs, les senteurs, les couleurs, avant qu'elles ne disparaissent. On se dit: « Il faut en profiter maintenant. » Car on sait et on craint les revers qui viendront. On ne remet pas à demain.

Une première tâche d'automne, c'est apprendre à dire « maintenant ». Jeune, on dit toujours « demain »: « Demain, je ferai... Demain, je serai... » Adulte, on dit « aujourd'hui »: « Aujourd'hui, je fais... Aujourd'hui, je suis... » L'aujourd'hui est long, on a du temps devant soi. Quand arrive l'automne de la vie, il faut changer d'adverbe et mettre au début de chaque affirmation « maintenant »: « Maintenant, je suis... Maintenant, je vois... » C'est-à-dire « au moment présent ». Placé en tête d'une phrase, l'adverbe « maintenant » marque une pause où l'esprit, dépassant ce qui vient d'être dit, considère des possibilités nouvelles : « Maintenant, vous ferez ce que vous voudrez... » Placé en tête d'une vie, l'adverbe « maintenant » marque aussi une pause qui invite l'esprit et le cœur à dépasser ce qui vient d'être vécu pour envisager des possibilités nouvelles, inédites, à ne pas remettre à demain. À faire maintenant !

Le contraire du « maintenant », c'est « autrefois ». Quand on vieillit mal, on ne cesse de dire « autrefois » : « Autrefois, j'étais... Autrefois, je faisais... Autrefois, c'était mieux... Autrefois, la foi était plus vive... » Se réfugier dans l'« autrefois », c'est replier l'espérance, c'est déjà arrêter de vivre.

Le récit d'Anne et de Syméon (Lc 2,25-38)

Dans l'Évangile, il y a deux témoins admirables du « maintenant ». Un homme et une femme placés juste à la fracture du temps ancien et du temps nouveau : Syméon et Anne. Tous deux ont de l'âge. Chaque jour au temple, ils guettent pour voir comment la promesse du Messie va bientôt se réaliser. Dans le temple, on répète sans cesse les prophéties anciennes, comme des paroles accoutumées, comme des incantations rituelles, sans prise réelle sur le temps présent. « Ce sera dans l'avenir... Un jour peut-être... Il a été promis que... » Syméon et Anne, eux, ne font pas semblant d'attendre. Les prophéties, ils en guettent la réalisation imminente. Ils se refusent à dire ces petites phrases qui émasculent et étouffent l'espérance : « Nous ne verrons pas cela... » « Ce ne sera pas de mon vivant... » « Peut-être dans un futur lointain... » Certains que le pays est mûr pour accueillir le Messie, ils guettent, dans la foule des gens qui affluent vers le temple, le visage de celui que Dieu prépare pour le salut des nations. Comme de fait, Syméon et Anne le découvrent dans cet enfant porté par un

jeune couple, Marie et Joseph. Ils le voient dans leurs yeux.
« Il y a dans les yeux plus de mots que dans les livres[1]. » Ils
prennent l'enfant dans leurs bras. Et ils chantent: « Maintenant, nos yeux ont vu… » (Lc 2,25-35). Ils sont beaux, ces deux
portiers de l'espérance qui se tiennent au début de l'Évangile,
au portique des temps nouveaux, qui veulent voir de leur
vivant, qui voient, ces deux aînés qui sont prophètes d'un seul
mot: « maintenant ».

Les mots et les gestes essentiels

Plus avance l'âge, moins il faut remettre à demain les
gestes et les mots essentiels. Il est important de dire *maintenant* les mots que l'on n'a jamais su dire, les gestes que l'on
n'a jamais su faire. Oser aborder les questions qui nous sépa-
rent. Éviter de reporter sans cesse les expressions d'amour, de
pardon, d'admiration, de regret. Tenter de régler *maintenant*
ces choses au sujet desquelles on dit souvent: « Un jour, j'ar-
riverai à savoir ce que j'ai toujours voulu savoir… » « Un jour,
je dirai à cette personne tout ce qu'elle représente pour
moi… » « Un jour, je vais aborder ce sujet délicat… » Pourquoi
faut-il que ces choses soient sans cesse reportées? Nous avons
le choix de dire aujourd'hui ces mots que l'on voudrait dire
depuis tant de temps, ou que d'autres attendent depuis
longtemps. À la fin de la vie, ce sera très tard ou trop tard…
Et c'est retarder des fruits formidables qui pourraient en
découler, s'ils venaient plus tôt. On connaît ce mot cinglant:
« Ne m'envoyez pas des fleurs quand je serai mort. Je les veux
maintenant. Je ne veux pas d'une montagne de fleurs sur ma
tombe. Si vous voulez me donner une fleur, donnez-la-moi
pendant que je suis en vie. »

1. Christian Bobin, *Ressusciter*, Gallimard, 2001, p. 155.

Savoir dire les *maintenant* de la tendresse, du geste béné- vole, voilà une première fécondité attendue des personnes âgées. Savoir nouer *maintenant* le dialogue entre les généra- tions. Soulignons notamment une urgence sociale impor- tante, un *maintenant* qui prend aujourd'hui un sens civique et éthique majeur. On sait comment le poids démographique des aînés augmente dans le monde et particulièrement dans les sociétés dites développées. En l'an 2020, l'humanité comptera plus d'un milliard d'humains de plus de 60 ans, quasi le double d'aujourd'hui. Au Québec, en l'an 2000, les personnes de plus de 60 ans représentaient un cinquième de la population. Ils compteront pour plus de la moitié de la population en l'an 2015. En 2020, les plus de 60 ans seront plus nombreux en France que les moins de 20 ans. Aujour- d'hui, on cherche partout à accroître la conscience d'un monde en marche « vers une société de tous les âges ». On con- naît les dictons qui marquent désormais la marche lucide vers la retraite et la vieillesse : « vieillir en restant actif », « ajouter non seulement des années à la vie, mais aussi de la vie aux années », « savoir prendre sa place dans la société sans attendre tout des autres », etc. Tout le contraire donc de l'aîné acariâtre, morose, soupçonneux, recroquevillé, oisif.

On dit plus aisément *maintenant* quand on sait apprécier la valeur du temps. Le temps si précieux mais qui passe si vite... Citons ce mot d'un auteur inconnu qui invite à apprécier et à mesurer le temps.

Pour connaître la valeur d'une année, demande à un étu- diant qui a échoué aux examens de fin d'année. Pour con- naître la valeur d'un mois, demande à une mère qui a accouché un mois prématurément. Pour connaître la valeur d'une semaine, demande à l'éditeur d'un hebdomadaire. Pour connaître la valeur d'une heure, demande à un couple d'amoureux qui attend de se revoir. Pour connaître la valeur d'une minute, demande à quelqu'un qui a raté son train, son autobus ou son avion. Pour connaître la valeur d'une seconde, demande à quelqu'un qui a survécu à un accident. Pour connaître la valeur d'un centième de seconde, demande à un médaillé d'argent aux Jeux olympiques.

Chaque moment est précieux. Chaque moment est à cueillir. Quand on le partage avec un être qui nous est cher, il devient encore plus précieux.

Le poète et chanteur Gilles Vigneault a raison:

Le temps que l'on prend pour se dire «je t'aime»,
c'est le seul qui reste au bout de nos jours...
Le temps de s'aimer, le jour de le dire,
fond comme la neige aux doigts du printemps[2].

---

2. Gilles Vigneault, disque *Au doux milieu de vous*, «Gens du pays», 1975.

Réconciliation

Les hommes sont sanctifiés par les blessures qu'on leur a infligées dans l'enfance.

Jean XXIII

L'automne, c'est le temps des derniers travaux dans les jardins et dans les champs. C'est la saison où l'on prépare la terre à son repos. Un temps où l'on ramasse les feuilles, en évoquant les souvenirs des jours heureux et moins heureux. Le temps où l'on fait la part des choses, où l'on se débarrasse de ce qui ne sert plus, mais où l'on prend soin de ce qui doit être conservé. On arrache les plants épuisés, on butte les rosiers et autres racines à protéger. C'est un temps de nettoiement, de mise en ordre, de clarification. Un temps où il faut bien se réconcilier avec la fin de l'été et, bientôt, les premières gelées.

Ainsi, l'automne de la vie devrait-il être un temps de ménage intérieur et d'apaisement. Un temps de réconciliation avec soi-même d'abord. Avec les diverses périodes de sa vie — enfance, adolescence, jeunesse, âge adulte, retraite — et ce que la succession des âges a apporté de réussites et d'échecs, de bons et de mauvais rapports, de folies et de joies. Il y eut tant de soirs, il y eut tant de matins... Il faut maintenant regarder ce long film des jours et apprendre à dire, comme à la fin du récit de la création : « Tout cela était bon » (Gn 1,25).

C'est le temps d'une réconciliation vaste et généreuse avec tout le passé, avec les chances et les malchances de l'hérédité, de la famille, de l'éducation, du travail, avec les hasards, les bonheurs et les malheurs de la vie. Rien de plus délétère que les rancunes, les regrets et les remords entretenus jusque dans le vieil âge. Ce travail de pacification à opérer en nous est à tous égards sanitaire et salutaire. Même les blessures secrètes que l'on porte dessous l'armure depuis des décennies, celles que l'on s'est infligées soi-même ou celles que les autres nous ont infligées, méritent d'être enfin traitées et guéries. Pacification et guérison libérantes.

C'est un temps de réconciliation avec les autres, qui sont souvent les proches. On pardonne tout des coups et des contrecoups des relations et des amitiés. On veut du bien à tous. Qu'il n'y ait plus aucune dette avec qui que ce soit. « Ne devez rien à personne sinon l'amour, celui des uns pour les autres » (Rm 13,8). La vie est si courte, pourquoi faire exprès pour qu'elle devienne amère ? « Nous nous faisons beaucoup de tort les uns aux autres, et puis un jour nous mourons[1]. »

Ce peut être aussi le temps de la réconciliation avec Dieu. Car rares sont ceux qui, vers la fin d'une vie, ne se sentent pas quelque peu déprimés, rejetés, incertains de l'effet et des suites de tout ce qu'ils ont tenté de réaliser. « Notre nom sera oublié avec le temps et personne ne se rappellera nos actions. Notre vie aura passé comme un nuage, sans plus de traces » (Sg 2,4). C'est le temps où l'on aimerait se faire dire, comme il fut dit au prophète Jérémie : « Moi, je le jure, ce qui reste de toi est pour le bonheur » (15,11). Mais on peut tout aussi bien

---

1. Christian Bobin, *ibid.*, p. 72.

sentir monter du fond de soi comme une mauvaise marée : «Pourquoi ma douleur est-elle devenue permanente? Vraiment, Seigneur, tu es devenu pour moi comme une source trompeuse au débit capricieux» (Jr 15,18).

Le rêve de Jacob (Gn 32,23-33)

C'est le récit d'un rêve et d'une réconciliation qui vient guérir les blessures anciennes. Un récit qui nous ramène aux origines de la foi au Dieu unique, le Dieu d'Abraham et de Sara, d'Isaac et de Rébecca, de Jacob et de Rachel. Isaac est âgé quand Rébecca, sa femme, accouche de jumeaux : Ésaü et Jacob. Une terrible rivalité s'installera entre les deux frères. Ésaü est un chasseur, un homme des champs. Jacob est un homme tendre et vit sous la tente. Isaac préfère Ésaü, Rébecca préfère Jacob. On connaît l'épisode où Ésaü vend son droit d'aînesse à son frère cadet pour un bouillon de lentilles. On connaît aussi le récit où Isaac, aveugle, veut donner sa bénédiction paternelle à l'aîné Ésaü, mais c'est Jacob, déguisé par sa mère sous les habits et les mains velues de son frère, qui la reçoit. On connaît moins le récit de son combat dans la nuit contre un inconnu qui s'avère être Dieu. On ignore surtout le lien entre ces divers événements.

Jacob avait commencé sa vie dans la tromperie et cela va le suivre tout le reste de son existence comme un cauchemar. La bénédiction mal acquise deviendra pour lui comme une sorte de malédiction. Pour fuir la colère de son frère qui veut le tuer, il doit s'exiler. Il se cache chez son oncle Laban qui l'exploite, mais qui lui donnera sa fille Rachel comme épouse, après sept années de travail. Jacob connaît des récoltes formidables, il s'enrichit de gros et petit bétail, mais bientôt la bisbille s'installe avec le beau-père. Il se met en route pour retourner vers son père, au pays de Canaan. Mais voici qu'il apprend que son frère, Ésaü, qui ne décolère pas, vient vers lui accompagné de quatre cents hommes. Jacob est pris de panique et d'angoisse.

La théologienne et pasteure Lytta Basset a finement analysé cet épisode de la vie de Jacob. Elle écrit: «Jacob éprouvait un véritable complexe d'infériorité à l'égard d'Ésaü»; il «se sentait coupable de prospérer en exil pendant qu'Ésaü veillait sur leurs parents[2]». «On pourrait dire que Jacob n'a jamais su s'approprier les bonheurs qui lui arrivaient. Ainsi en est-il pour bien des personnes qui ont le sentiment d'usurper ce qui leur appartient, de prendre une place qui ne leur revient pas, de vivre dans l'imposture: ‹Si les autres savaient à quel point ils se trompent sur moi!› Jacob adulte a continué à se sentir à la traîne: menacé, exilé, victime de Laban, jamais à la hauteur de ses aspirations personnelles et, maintenant encore, incapable de prendre sa place face à Ésaü qui lui semble occuper tout le terrain avec ses quatre cents hommes[3].»

Jacob vit comme un être menacé, coupable, impuissant. Il retenait de son passé «qu'il avait été impuissant sur toute la ligne: incapable de se défendre face à une mère abusive, incapable de faire face à Ésaü et d'assumer son acte, incapable d'être reconnu par son père et apprécié pour lui-même... tout juste bon à obéir aux membres de sa famille, au gré de *leurs* désirs[4]». Le voici donc accablé de remords et d'angoisse au bord d'une nuit sans sommeil. Cette nuit qui tient entre le rêve et la réalité.

---

2. Lytta Basset, *Sainte colère*, Bayard, 2002, p. 160-161.

3. *Ibid.*, p. 161.

4. *Ibid.*, p. 158.

C'est la nuit qui précède la rencontre redoutée avec son frère. «Sauve-moi de mon frère Ésaü. Oui, j'ai peur de lui. Il viendra, il frappera la mère et ses enfants.» Il se dit: «Je vais faire les premiers pas, je vais aller au-devant d'Ésaü pour l'amadouer et lui demander pardon.» Il fait préparer tout un cortège de personnes, d'animaux et de biens qui le précéderont. Il leur dit: «Quand vous rencontrerez mon frère Ésaü et qu'il vous demandera qui êtes-vous, où allez-vous, et à qui appartient tout ce qui est là, vous répondrez: ‹À ton serviteur, Jacob, c'est un don qu'il fait à son maître, Ésaü.›» «Je vais l'apaiser, se dit-il, en lui donnant tout ce qui me précède. Après je me présenterai à lui, il me pardonnera peut-être.»

Cette nuit-là, Jacob la passa dans le camp. Pendant la nuit, il se leva. Il resta seul. Quelqu'un lutta avec lui jusqu'à la pointe de l'aurore. Il comprit qu'il ne serait pas le plus fort. Et il fut touché au creux de la hanche. Dans la lutte, la hanche de Jacob se démit. «‹Laisse-moi partir, dit l'homme, l'aurore s'est levée.› – ‹Je ne te laisserai partir que si tu me bénis›, répliqua Jacob. – ‹Quel est ton nom?› demanda-t-il. – ‹Jacob.› – ‹Ton nom ne sera plus Jacob mais Israël.› – ‹Oh! donne-moi ton nom!› lui demanda Jacob. – ‹Mais pourquoi demander mon nom?› Et ici, il le bénit. Jacob appela l'endroit ‹Peniel›, c'est-à-dire ‹Faces de Dieu›: ‹J'ai vu Dieu face à face, et je suis sauvé.› Le soleil se leva pour lui. Sa hanche le faisait boiter.»

Cette nuit-là, dans cet étonnant combat avec un inconnu, touché jusque dans son corps, Jacob a peut-être trouvé enfin son identité la plus profonde, son identité unique: il reçoit son nouveau nom, Israël. Il demande en retour le nom de l'inconnu, mais il ne l'obtiendra pas; il sait cependant qu'il a vu Dieu face à face. Dans ce combat avec Dieu, où c'est lui qui se révèle le plus fort, Jacob semble avoir retrouvé ses forces personnelles. Il s'est allégé du poids de la culpabilité et de l'impuissance. Il trouve la force de dépasser les traumatismes et les blocages du passé, et la combativité nécessaire pour aller au-devant de son frère.

Jacob leva les yeux. Il vit Ésaü arriver. Il fit passer devant les enfants, sa femme, Rachel, et les servantes. Lui les devança et se prosterna à terre sept fois avant d'approcher son frère. Ésaü courut à sa rencontre et se jeta à son cou, pour l'embrasser et pleurer avec lui. Et Ésaü de demander : « ‹ Pourquoi tout ce camp autour de toi ? › – ‹ C'est pour te plaire ›, dit Jacob. – ‹ J'ai tout ce qu'il faut, mon frère, répond Ésaü. Garde ce que tu as. › – ‹ Non surtout pas, s'il te plaît, dit Jacob. Fais-moi plaisir, prends ce que je te donne, puisque je t'ai vu comme on voit Dieu et que tu m'as accueilli. › » Ésaü accepta.

Guérir les mémoires blessées

La mémoire de ce rêve-réalité et de la réconciliation qui l'a suivi recoupe bien des situations de la vie des Jacob et des Ésaü que nous sommes. La lutte de Jacob survient dans la nuit, de manière inattendue. Au moment où il ne s'y attend pas. On ne s'attend jamais à ces luttes imprévues : la maladie, la séparation, l'échec, le rejet, la faillite, le deuil, la solitude... Elles arrivent soudain, comme dans un mauvais rêve. Alors, on est pris de peur, on panique, on pense que l'affrontement va nous écraser, nous tuer. Mais la volonté de lutter, de traverser la nuit, toutes les nuits, peut nous révéler à nous-mêmes, plus forts que nous le croyons. Si on accepte de lutter, on apprend que l'adversité ne fait pas mourir. Au contraire, la combativité nous donne de survivre, si seulement on persévère jusqu'à l'aube. La lutte se mène aussi avec Dieu, l'inconnu qui ne nous dit jamais son nom; mais dans la lutte avec lui, on puise la force de tenir debout dans l'épreuve.

De cette nuit-là, Jacob est sorti en boitant. Quelque chose en lui s'est démis, qui a rapport à son être profond. C'est ainsi qu'on ne sort pas indemne des combats de la vie. Ils nous laissent souvent écorchés et boiteux. On y apprend que nous sommes fragiles, vulnérables. On peut boiter de la hanche, porter des cicatrices, mais si la réconciliation est acquise, on peut, comme Jacob, embrasser son frère et pleurer avec lui.

Le récit de Jacob renvoie à une tâche majeure qu'on reporte trop souvent à un âge avancé de la vie: guérir les mémoires blessées. Un mauvais automne ramène ou ravive souvent les problèmes non encore résolus, les aigreurs, les rigueurs et les douleurs anciennes. Impossible de les oublier. Une mémoire blessée fait beaucoup souffrir. Car c'est une faculté vitale: c'est en elle que nous puisons nos provisions de bonheur et nos forces d'espérance. Quand cette faculté est mutilée, elle sécrète des pensées délétères.

Pire que la maladie d'Alzheimer, que craignent aujourd'hui toutes les personnes âgées, il y a le drame des mémoires brisées. Car si tragique que soit l'Alzheimer, on se dit au moins que ses victimes ne sont pas (pleinement) conscientes du «trou» de leur mémoire. Par contre, la mémoire blessée est comme une plaie à vif. D'où l'importance du travail de libération et de pacification de la mémoire dans les dernières étapes de la vie. Cela va plus loin que la confession des péchés et une absolution rapide. Cela demande un lent et long temps de guérison des mémoires qu'ont fracassées les événements de l'enfance, les complexes, les caractères, les rivalités, les injustices, les accidents, les scrupules, les errances, les petits ou grands drames de la vie. Nous avons à inventer des pratiques et des rituels pour guérir ces mémoires douloureuses, enrichir les mémoires heureuses, revoir notre propre vie avec compassion et douceur, faire les premiers pas en direction de ceux envers qui nous nous sentons redevables.

Le devoir de réconciliation va à l'encontre de la tendance courante qui suggère plutôt de tout oublier, de tourner la page sans traiter le mal qui a été fait. Le temps effacera tout, croit-on. Non, le temps n'efface pas tout. Si l'on ramasse les feuilles à l'automne, c'est pour éviter qu'elles ne forment une dure couche qui étouffera et brûlera tout sous la glace. Ainsi de nos mémoires. Ce qui n'est pas ratissé, traité, amené au grand jour, se transforme en une motte durcie qui reste sur le cœur et qui étouffe la vie. La réconciliation est un travail exigeant de purification et d'apaisement de la mémoire. Elle pousse à aller au-devant de ses frères, à mener les combats qu'il faut, à faire les premiers pas. On en sortira un peu boiteux, mais le cœur léger et libre.

Magnanimité

> *Quand une personne n'a pas de gratitude, il*
> *manque quelque chose à son humanité.*
>
> Elie Wiesel

UN BEAU FRUIT DE L'AUTOMNE, c'est la prodigalité. En cette saison, les arbres et les plantes sèment en abondance et à tout vent les graines séchées, les baies, les glands, faisant pleine confiance à la terre et défiant l'hiver. L'automne est magnanime en coloris. Il accroche des couleurs à tous les arbres et arbustes: le cuivre doré aux chênes, le jaune aux trembles, le rouille aux érables, le rouge vin aux sorbiers et vinaigriers. La générosité de l'automne comble les marchés et nos tables des meilleurs légumes et des meilleurs fruits. C'est octobre magnifique qui éclate en feu d'artifice et en surabondance.

À l'automne de la vie, c'est le temps de se montrer magnanime, généreux en tout, plein de gratitude. Quand la vie a été bonne et prodigue envers soi, comment ne pas se montrer bon et prodigue en retour? C'est une grâce de rencontrer une personne avancée en âge qui sait faire preuve de grandeur d'âme et de générosité, qui se montre clémente envers ses proches, envers les gens, envers la vie, qui veut du bien à tout le monde, qui devine et comprend les drames et les peines d'aujourd'hui parce qu'elle-même a tant vu de maux et de détresse, et qui malgré tout fait confiance en l'avenir. C'est une grâce rare, car trop d'aînés, comme des arbres blessés, portent dans leur vieillesse des peurs et les marques des blessures anciennes. Quand heureusement on n'a plus de souci d'image ou de carrière ou de fortune, on peut se montrer magnanime.

Se montrer magnanime et généreux dans ses biens. Ce n'est pas le temps de calculer. C'est le temps de se délester de tant d'objets chargés de souvenirs, certes, mais dont il faudra se départir un jour et qui encombrent l'appartement ou la chambre. Que ferai-je de ce qui m'appartient? La question se pose inévitablement avec l'âge. Elle peut devenir sujet de grandes préoccupations, exacerbées par la manifestation des convoitises. On peut tout donner après sa mort dans un testament. De plus en plus de gens choisissent de donner de leur vivant. Quand une bonne sécurité est assurée, il est possible de devenir libre de ses biens, de faire des heureux, d'appuyer des causes de son choix, de partager avec qui a moins, de donner un coup de pouce à des jeunes qui débutent dans la vie. Le don est alors lié à la parole du donneur. « La parole apaise plus que le don. La parole donne plus que le don. L'homme généreux pratique les deux » (Si 18,16-17).

Être magnanime et généreux de son temps. Les grands-parents le deviennent spontanément avec leurs petits-enfants. C'est bon qu'ils donnent du temps pour les câliner, pour les gâter, pour les sécuriser, pour les ouvrir au monde. Quand est venu le temps de la retraite, nombreux sont aussi ceux qui consacrent des heures et des heures à toutes sortes d'œuvres, d'organismes, d'associations sociales, culturelles, sportives, politiques, religieuses. C'est une nouvelle forme de fécondité intergénérationnelle, nourrissante pour les bénévoles eux-mêmes qui donnent de leur temps, précieuse pour la vie en société.

Magnanime et généreux dans ce qui est peut-être le plus important, la transmission des valeurs et des apprentissages durables. Il arrive fréquemment que les aînés s'interrogent sur ce qu'ils auront légué à leurs enfants et petits-enfants. On connaît les inquiétudes des parents et des grands-parents devant les choix de leurs fils et filles, petits-fils et petites-filles. Touchant le style de vie, le choix d'un métier ou d'une profession, la vie de couple, les croyances morales et religieuses. Il est difficile – il apparaît souvent impossible – d'intervenir en pareils domaines. La pression et les soupçons se révèlent inutiles et contrariants. Tout ce qu'on peut faire, reconnaissent bien des gens, c'est chercher à être présent, de façon discrète, aimante, réconfortante. Faisant confiance inconditionnellement. Confiant que chacun, chacune trouve sa voie, un jour, à son heure. Le témoignage, c'est une longue fidélité de présence et seulement quelques mots brefs, en temps opportun, pour en dire la source. L'évêque Ambroise ne disait pas autre chose à Monique, la mère d'Augustin, qui s'alarmait des conduites de son fils. « Il est intelligent, il trouvera sa voie. »

Les lettres de l'apôtre Jean

Un beau témoin de la magnanimité, c'est l'apôtre Jean dans ses trois lettres conservées dans le Nouveau Testament. Quel bel évangile d'automne ! On sait que l'apôtre est devenu vieux. Sa parole est d'abord et avant tout une parole sur la vie. Il parle de son expérience d'avoir vu et touché la vie. Il insiste en se répétant, comme font les vieux, non parce qu'ils oublient, mais pour mieux souligner l'essentiel. « Ce qui était au commencement, ce que nous avons entendu, de nos yeux vu, contemplé, touché de nos mains, la Parole de vie – car la vie s'est montrée à nous, nous l'avons vue, nous sommes témoins –, nous vous l'annonçons, la vie sans fin qui est dans le Père. Elle s'est montrée à nous, nous l'avons vue, nous l'avons entendue et nous vous l'annonçons pour que vous l'ayez en commun avec nous » (1 Jn 1,1-3).

Ses lettres sont remplies d'affection. Il se montre le vieillard attentif aux personnes, à leur nom, à leur santé, attentif aux petits détails de leur vie. Les bonnes nouvelles de ceux et celles qu'ils appellent « mes petits enfants » le réjouissent. Il écrit : « Bien-aimé, j'espère que tu vas bien à tous égards et que tu te portes aussi bien que ton âme. J'ai eu une grande joie à l'arrivée des frères qui ont témoigné de toi et de la façon dont tu marches dans la vérité. Je n'ai pas de plus grande joie que d'apprendre que mes enfants marchent dans la vérité » (3 Jn 2-4). « Ma joie fut grande de voir certains de tes enfants marcher dans la vérité et suivre le commandement du Père » (2 Jn 4). L'apôtre Jean se montre particulièrement empathique et chaleureux dans ses salutations. « J'avais beaucoup de choses à te dire, mais je ne veux pas t'écrire avec l'encre et la plume. J'espère te voir bientôt, nous en parlerons de vive voix. Paix à toi ! Les amis te saluent. Salue les amis chacun par son nom » (3 Jn 13-15).

Jean n'écrit pas pour en rajouter, pour accroître le fardeau des gens, pour faire des reproches. Il écrit pour rassurer, pour qu'on se concentre sur le commandement premier, celui qui résume tout. « Je ne t'écris pas à présent pour te recommander quelque nouveau commandement, mais celui-là même que nous avons reçu depuis le début : nous aimer les uns les autres » (2 Jn 4-5). Il est pragmatique, il est concret. « Petits enfants, n'aimons pas en paroles, avec des mots, mais en vérité, avec des actes. Nous saurons ainsi que nous appartenons à la vérité et notre cœur devant lui sera en paix » (1 Jn 3,18).

C'est dans une de ses lettres que l'apôtre Jean ajoute cette parole unique, immensément magnanime, extrêmement confiante, qui défie tous les regrets et les remords. «Et si notre cœur venait à nous condamner, Dieu est plus grand que notre cœur, il sait» (1 Jn 3,20). Cette parole étonne, elle réconforte, elle englobe tout, elle console tout, elle pardonne tout, elle relance tout. Dieu lui-même est magnanime, nous dit Jean. Pourquoi? Parce qu'«Il sait». Jean ose écrire cette parole fulgurante, inspirée peut-être par son âge. Quand on est jeune, on croit facilement que l'on sait tout. Avec l'âge, on apprend... On apprend que l'on sait si peu de chose. On sait si peu de la vie, des gens et de leurs désirs profonds. On n'ose plus juger, ni soi-même ni les autres. Dieu seul sait. Et même quand notre cœur continue de s'inquiéter, Dieu est toujours plus grand que notre cœur.

Transmettre les sagesses de vie

La magnanimité, c'est la première qualité du témoignage de toute personne. Une qualité diffuse, qui suscite l'admiration, qui attire en laissant libre. Le témoignage passe souvent par la voie des activités les plus humbles de la vie, en lien par exemple avec la cuisine, le bricolage, les lectures, les voyages, les loisirs, le métier. Ce que les aînés peuvent apporter de plus précieux aux jeunes, ce sont les petites sagesses de vie qu'ils ont découvertes à travers leur existence, peut-être dans le sillage de l'Évangile. Les jeunes, qui doivent inventer eux-mêmes leurs routes, ont de l'intérêt pour ce genre d'approche. Ce qui leur manque le plus, c'est justement le dialogue avec des aînés sur les sagesses de vie. Ces sagesses que ni l'école, ni la télévision, ni Internet, ni les pairs ne peuvent leur apprendre. En famille, on dirait que les parents n'ont plus le temps ni la manière de les transmettre à leurs enfants. Les aînés peuvent prendre la relève. Il leur revient de se préoccuper de la solidarité entre les générations, de la tradition, de ce qui rend la vie heureuse et bonne, de la transmission de l'héritage humain. Autrement, sans mémoire, sans témoins, sans repères, nous irions vers l'extinction à petit feu de la transmission.

Il faut contrer l'idée dominante selon laquelle les aînés sont vieux jeu et doivent être placés dans les marges de la société. Dénonçant l'exclusion dont sont victimes trop de personnes âgées dans nos cités modernes, Régis Debray, le combattant arrivé lui-même à la soixantaine, fait remarquer ceci : « En Asie ou en Afrique, la solidarité et les besoins de l'apprentissage donnent à l'ancien sa place. Mais la vieillesse est synonyme de désuétude ou d'obsolescence en Occident seulement depuis un siècle ou deux. Pendant des millénaires, une idée était vraie lorsqu'elle était ancienne, une doctrine était crédible quand on pouvait la faire remonter à l'Égypte pour les Grecs, à la Grèce pour les Romains, et pour les chrétiens à Mathusalem [1]... » Il faut cesser de jouer le jeune contre l'ancien, la grâce de la jeunesse contre le poids de la vieillesse et de la tradition. Toute parole, toute vie est en effet enrichie par le poids et la qualité de tant d'autres paroles et expériences de vie qu'elle a traversées, qui l'ont marquée et qu'elle s'est incorporées.

La magnanimité, c'est un fruit savoureux qui se cultive tout au long de la vie, mais qui se cueille tout particulièrement à l'automne de la vie. Pensons ici au témoignage durable et incomparable de confiance, de compréhension et d'ouverture qu'a laissé dans l'Église et dans le monde la personne de Jean XXIII. Ce vieil homme bon et magnanime reste, pour les chrétiens et pèlerins ordinaires qui se présentent à Rome, le pape le plus aimé des dernières décennies, celui dont le tombeau est le plus visité et le plus fleuri tous les jours.

---

1. Regis Debray, « Contre la dictature du jeunisme », *Le Point*, 14 octobre 2004, p. 40.

Ailleurs

La vraie vie est absente.
Nous ne sommes pas au monde.
Je vis pour l'ailleurs.

Arthur Rimbaud

*U*N SIGNE INFAILLIBLE de l'automne, ce sont les immenses voiliers d'oies blanches en migration du Grand Nord vers le sud. En formation, elles avancent au milieu d'une conversation bruyante, comme des écoliers partant en vacances. Puis soudain, elles étendent comme un large chapiteau blanc ailé au-dessus des plaines ou des rivages. Elles atterrissent dans un incroyable tumulte de claquements d'ailes et de cris nasillards. Elles plantent leur tente pour la nuit. Elles grappillent les grains qui restent dans les champs. Demain, elles partiront...

Une des tâches de l'automne, c'est de favoriser l'acceptation de l'ailleurs. Car l'automne nous déplace : à regret, il faut quitter le jardin, abandonner les randonnées coutumières. Se replier, comme on plie la nappe après le repas, comme on range dans ce qui sera l'armoire aux souvenirs.

L'automne de la vie sonne l'heure de la retraite. Il faut quitter le travail et les collègues. Il faut parfois quitter la maison, la fermer ou la vendre pour se retrouver en appartement ou en copropriété. Pénible départ, c'est comme fermer les volets sur un large pan de sa vie. Certains choisissent de partir pour se rapprocher de leur fils ou de leur fille établis au loin. D'autres quittent leur chez-soi pour entrer dans un foyer de personnes âgées. C'est plus qu'un déplacement, c'est un véritable déracinement.

S'ajoutent aussi les ailleurs imprévus : ailleurs de la santé, ailleurs des liaisons et des amours, ailleurs des convictions quand la perspective de la fin se précise. Il faut vivre ailleurs. Accepter d'aller ailleurs.

Élie, le prophète de l'ailleurs

Nous évoquerons plus loin l'itinéraire de ce grand prophète d'Israël, dont le nom vient tout de suite après celui de Moïse dans la tradition judéo-chrétienne. Nous verrons comment la vie l'a sans cesse mené ailleurs. Pour l'instant, il suffit de s'arrêter à la dernière étape de sa vie. Après avoir bien bourlingué, lutté, combattu, et se retrouvant finalement à bout de souffle et déprimé, Élie, le prophète de la rigueur et l'homme de pouvoir, rencontre Dieu sur la montagne, non plus dans le vent, le tremblement de terre ou le feu, mais « dans un murmure très fin, très léger » (1 R 19,12). Littéralement même, « dans le silence ». Dieu dans le murmure ! C'est ainsi qu'il se révèle au prophète devenu mélancolique et désabusé : comme le Dieu de la douceur, du souffle léger. C'est ainsi qu'il se révèle encore à ceux qui, par tempérament ou en raison de l'éducation reçue, ont plutôt misé tout au long de leur vie sur la raideur et la sévérité. Et qui ont donné à Dieu le même visage de la rigidité et de la dureté. Dieu intervient auprès d'Élie pour atténuer son intolérable rigueur. « Pourquoi es-tu si dur envers Israël ? Et finalement, pourquoi es-tu si dur envers toi-même ? »

Une fois réconcilié avec lui-même, après avoir appris la douceur envers son peuple et envers son Dieu, le prophète se fait le fidèle serviteur de la vie à continuer et le témoin de l'ailleurs. Revenu parmi les siens, il consacre le jeune roi Élisha, pour la suite du royaume, pour la suite de l'histoire de son peuple. S'établit alors un rapport convivial et sympathique entre le jeune roi et le vieux prophète.

L'auteur Elie Wiesel a bien décrit cette relation entre la sagesse du maître et la fidélité du disciple. « Le prophète souhaite rester seul pour affronter la rencontre suprême et unique avec la mort. Il désire épargner à son jeune compagnon la vue d'un maître diminué, sans défense, comme le sont toutes les victimes de l'absolu qu'est la mort. Il aimerait demeurer entier, glorieux, vivant dans sa mémoire. Il est généreux, Élie, envers son protégé : pourquoi lui faire de la peine ? pourquoi ajouter à celle qu'il porte en lui-même ? À trois reprises, il lui demande d'accepter la séparation, invoquant sans cesse le même argument : Dieu l'appelle ailleurs, toujours ailleurs. Répétition émouvante, chargée d'angoisse. Il doit partir à Béthel, non ; à Jéricho, non ; au bord du Jourdain, non. Et chaque fois Élisha répond de la même manière, répétant les mêmes phrases imagées : il jure sur Dieu et sur la tête du prophète qu'il ne l'abandonnera pas. On sent la tension s'accroître à l'approche du dénouement[1]. » À la fin, Élie est emporté sous les yeux impuissants d'Élisha (2 R 2,11-14).

Apprendre à partir

Il est beau de voir le vieil Élie préparer ainsi son départ. Il ne veut pas donner aux autres le spectacle d'un individu

---

1. Elie Wiesel, *Célébrations prophétiques*, Seuil, 1998, p. 173.

diminué... Comme il est important de savoir se retirer de la scène au bon moment, pour faire place à des plus jeunes, pour ne pas affaiblir une entreprise, une œuvre, une communauté. Et même quand les jeunes ou la relève ne sont pas là, savoir se retirer quand même pour qu'adviennent d'autres formes de prise en charge, des possibilités nouvelles. Ce n'est pas toujours le meilleur service à rendre que de demeurer au poste jusqu'au bout de l'âge, jusqu'à la dernière limite. Par exemple, est-il vraiment sage de maintenir en Église des règles comme celle de la retraite des prêtres ou des évêques à l'âge de 75 ans? Cela donne trop souvent l'image d'une Église devenue une gérontocratie tremblante, affaiblie... Certes, on peut y voir un témoignage de dévouement sans limites, mais il se peut également que ce soit le signe d'un acharnement compulsif au travail et du refus de se dessaisir. Mieux vaut souvent l'effacement progressif, avec le souci lucide de la relève, des ponts à établir entre les générations, de la transmission à assurer. Même Jésus, le bon pasteur, a jugé préférable d'habituer ses disciples à son absence : « Il est de votre intérêt que je parte... » (Jn 16,7).

Une tâche majeure de l'automne, c'est accepter l'ailleurs décisif. L'autre côté de la vie. L'au-delà. L'ailleurs foncier, radical, inconnu. C'est le temps d'envisager cet ailleurs et de s'y préparer. Mais cela nous fait peur, on préfère ne pas y songer.

La mort prend la forme de notre regard. Un peu comme notre regard sur l'univers des étoiles et des galaxies, un univers que l'on sonde, mais qui demeure toujours impénétrable et mystérieux. La première réaction face à l'ailleurs de la mort, c'est de détourner le regard. C'est la mort *occultée*. La mort apparaît en effet à beaucoup comme une fatalité qui nous tombe dessus comme un éclair, comme un drame, comme un meurtre. Mieux vaut ne pas y penser. La mort devient alors un tabou. On repousse toute pensée à son sujet parce qu'on sait que la mort est pénible. Parce qu'on craint la douleur. Parce qu'on se dit que personne ne sait. Qu'il n'y a rien à dire. Qu'il n'y a rien après. Ou s'il y a quelque chose, on n'en sait rien. La mort, c'est «le grand Peut-être», disait Rabelais. À quoi bon chercher? Juste une précaution à prendre, note le cinéaste Woody Allen dans une boutade: «Dans mon cercueil, je veux qu'on mette des vêtements de rechange, au cas où...»

Si on ose la regarder en face, la mort peut d'abord apparaître comme «naturelle». Un jour, le corps craque, comme l'écorce de l'arbre. Comme la coquille de la noix. Grâce notamment à l'influence majeure des sciences physiques et biologiques, nous sommes de plus en plus enclins à nous percevoir ainsi comme mortels et à nous aimer mortels. C'est la mort *naturalisée*, c'est-à-dire assimilée aux phénomènes naturels.

Ce regard sur la mort vue comme une réalité naturelle ne conduit pas forcément à la résignation ou à la passivité. Il invite à lutter de toutes nos forces contre le pouvoir de la mort, avec la volonté de faire reculer ses frontières autant que faire se peut. Mais il préserve de l'acharnement à vouloir nier la mort; il conduit, quand tous les efforts s'avèrent vains, à accueillir et à accepter la fin. Cela nous réconcilie avec l'ordre du monde. Comme les anciens, nous avons conscience d'être reliés à la terre et au ciel, mais dans un cadre d'une ampleur que jamais personne n'a imaginée auparavant. Notre vie s'inscrit dans une dimension cosmique gigantesque... Nous sommes venus de l'univers, nous retournerons à l'univers. Ce regard nous rend non seulement plus fraternels avec la chaîne des vivants, il nous rend fraternels avec le cosmos tout entier.

C'était déjà la pensée dominante dans l'Empire romain au temps du livre de la Sagesse – 1ᵉʳ siècle avant J.C. –, qui relève les images utilisées en ce temps pour dire la mort. «Nous sommes nés du hasard et nous serons ensuite comme si nous n'avions pas été. Ce que soufflent nos narines n'est que fumée, la pensée une étincelle... Notre vie passera comme la traîne d'un nuage, elle sera dispersée comme la brume que les rayons de soleil poursuivent... comme le trajet d'une ombre» (Sg 2,2-5). Ce sont des images toujours actuelles et tristes, qu'on formule aujourd'hui à peu près dans les mêmes mots. Anne Hébert parle de «s'endormir debout comme un arbre dans la nuit[2]». La jeune poète Marie Uguay disait que notre existence ressemble à un caillou lancé à la surface d'un lac: elle étincelle un instant puis s'étend en des cercles concentriques qui peu à peu faiblissent et disparaissent.

À y regarder de plus près, la mort n'est pas seulement un phénomène biologique. Des recherches et pratiques qui se sont multipliées au cours des quarante dernières années concernant la fin de la vie, nous avons appris ou réapprenons que la mort n'est pas une simple fatalité. Elle est un acte. C'est la *mort vécue* comme un geste humain. Le dernier. Pas fatalement le plus grand. Mais un geste vraiment humain, c'est-à-dire, autant que faire se peut, un geste accepté, consenti.

Ce regard sur la mort comme un geste va à l'encontre d'une tendance encore très répandue qui fait dire: «Je ne veux pas voir venir la mort», ou encore: «La plus belle mort est celle qui survient, imprévue, dans le sommeil ou dans un accident de la route ou en avion.» Il convient d'interroger cette perception. Non pas pour la dénoncer comme une aberration ou une régression consentie. De quel droit pourrions-

---

2. Anne Hébert, *Le jour n'a d'égal que la nuit*, Poèmes, Boréal, 1992.

nous imposer un regard sur la mort? Mais on peut au moins poser la question: est-ce si vrai que la mort imprévue serait la forme de mort la plus souhaitable? À ce sujet, le philosophe Bernard-Henri Lévy écrit: «Ce que la mort a de réellement humain, ce qui distingue la mort d'un humain de celle d'une plante ou d'un animal, c'est qu'elle est affaire de conscience et, au fond, de lucidité... ‹Il ne s'est pas vu mourir, il n'a pas vu la mort venir›, disent les familles de celui à qui on a menti, ou cru mentir, jusqu'à la dernière seconde – et cette inconscience, cette insouciance de ce qui advient sont censées lui épargner les affres de la crainte, de l'angoisse, de l'ultime convulsion ou même de l'espérance. Eh bien! quelle erreur! Quel effroyable malentendu! Comme si les morts inconscientes n'étaient pas, précisément les pires... Comme si ce n'était pas le plus sûr moyen, justement, de nous rapprocher du non-destin des plantes ou des animaux... Les animaux meurent. Les plantes meurent. Mais ce qui distingue les hommes, ce qui caractérise et humanise le ‹mourir›, c'est ce corps à corps (avec la mort)... qui nous laisse le loisir de redouter, refuser, haïr, hâter, espérer, bref vivre le moment ultime[3]. »

Dans le prolongement de la mort acceptée comme un acte, comme un geste humain, certains invitent à aller plus loin, à faire un pas de plus: faire de la mort un dialogue. Dialogue avec les survivants, d'une part, et dialogue avec ceux qui nous ont précédés dans la mort, d'autre part. C'est, au-delà de la mort vécue, la mort *parlée*. Ces dialogues autour de la mort, quand ils sont possibles – ils ne le sont pas toujours, tout dépend en large partie de la qualité des relations entretenues tout au long de la vie –, se révèlent riches et consolants pour le mourant et pour les survivants. Les confidences entendues

---

3. Bernard-Henri Lévy, préface de l'ouvrage de Léon Burdin, *Parler la mort: des mots pour la vivre*, Desclée de Brouwer, 1997, p. 72.

l'attestent. « Je suis heureux d'avoir vécu ces moments-là. » « Je ne savais pas que l'on s'aimait à ce point. » « Ce qu'on s'est dit des choses... simplement à travers nos mains, son regard, nos silences! » Dans cette perspective, accompagner une personne à sa dernière heure, c'est rassembler en elle une parole souvent enfouie, s'en saisir, la porter au-dehors, faire venir à la lumière ces mots qu'on n'a jamais su dire, qu'on n'a peut-être jamais pu dire.

Cette façon de voir la mort comme un dialogue, comme une conversation va à l'encontre d'un autre courant marqué qui tend à affirmer que la voie « courageuse et admirable » de mourir, c'est de se retirer en silence, pudiquement, sans rien dire. Comme le vieux loup qui s'en va sans avoir gémi. Comme l'âme forte qui s'éteindrait ou se donnerait la mort sans avoir parlé.

La mort-dialogue va aussi à l'encontre d'une certaine idéalisation du suicide. Le suicide, c'est un dialogue volontairement interrompu. Mais c'est encore un cri. Un cri de détresse. Les gens ne se suicident pas pour mourir, mais parce qu'ils sont dans un tragique chagrin. Fin de conversation honteuse, disait-on autrefois, fin de conversation courageuse, tend-on à dire aujourd'hui. Ni l'une ni l'autre, écrit avec justesse André Comte-Sponville : « Le suicide n'est ni l'infamie que certains condamnent ni l'apothéose dont d'autres se réclament. Évitons louanges et diatribes. Le suicide n'est ni un sacrilège, ni un sacrement, ni une apothéose, ni une apostasie. C'est un chemin de traverse, simplement, le plus bref, le plus radical, une échappée sur rien, une anticipation de l'inéluctable. C'est le raccourci définitif[4]. »

4. André Comte-Sponville, *Impromptus*, Presses universitaires de France, 1996, p. 100-101.

Quand la mort est parlée, elle devient comme une conversation interrompue. Interrompue pour de bon pour ceux qui ne croient pas en l'au-delà, mais dans la tendresse et l'intensité des derniers mots. Interrompue mais non pas achevée pour ceux qui espèrent un au-delà. La conversation pourra continuer... autrement! Les personnes décédées deviennent alors comme des liens essentiels avec l'au-delà de la vie. Comme des êtres d'éternité.

Car il existe un tout autre regard sur la mort : quand on la voit comme un passage, une mutation, un accouchement. L'humain qui meurt devient alors comme la chrysalide qui, dans son cocon, se mue en papillon, comme le fœtus qui sort du sein maternel, à travers cris et larmes, pour s'ouvrir sur un monde tout autre. Ce regard découle de deux maladies incurables : la vie, qui est toujours fatale, et l'espoir, qui n'est pas guérissable. L'expérience de la vie et l'espérance font envisager la mort comme une traversée.

La traversée peut s'ouvrir sur des réalités diverses. Elle peut déboucher sur une renaissance, une réincarnation. Comme la flamme de la bougie qui se transmet à une autre bougie, puis une autre bougie, puis une autre, dans une longue succession qui conduit au nirvana, état de sérénité suprême, fusion de l'âme individuelle et de l'âme collective, comme la poupée de sel qui se dissout dans l'eau. Ainsi pensent des milliards d'humains, hindouistes et bouddhistes, de par le monde.

La traversée de la mort peut déboucher sur l'ailleurs d'une naissance non pas à une autre vie, mais à la vie pleinement épanouie. C'est la mort-transformation, la *mort-résurrection*. « *Dies natalis* » disaient jadis les chrétiens parlant du jour de la mort. Jour natal, comme si cette vie terrestre était prénatale, comme l'embryon de la vie pleinement accomplie. Jour de résurrection en passant par la brèche que Jésus a ouverte en franchissant la mort. Jour d'accomplissement définitif. La foi chrétienne assure en effet que, dans la mort, nous sommes main-tenus, tenus dans la main de Dieu. Si bien que le chrétien ne croit pas en la vie après la mort; il croit en la vie, l'unique vie qui se transforme et se déploie jusque dans l'irradiation de son être et de tout l'univers. Dans un poème sur la mort, le sociologue et croyant Fernand Dumont écrit [5]:

Quand demain peut-être
l'ange tournera discrètement la page inachevée
Quand viendra le temps de partir
Toute parole close
L'âme bleue pareille au silence
Et livrée aux confins de l'absence
Quand il faudra s'en aller sans rien trahir
Que nulle hâte ne tirera plus par la manche
Que sera passée l'heure des floraisons et des peines
Quand il faudra remiser la plume avec le sablier
Replier mes solitudes avec mes amitiés
Ranger mes rêves dans l'armoire aux ténèbres
Ce jour-là toutes mes nuits au bout des mains
Je fermerai les yeux de la mémoire
Tendu dans l'attente de la lumière
Transi de tenace espérance
L'âme enfouie dans ses feuillages
Ses heures résignées en un vaste songe
J'abandonnerai ma main consolée dans la tienne
Ce sera le matin je pense

C'est ainsi que la mort prend des formes diverses selon notre regard. Chacun de ces regards essaie de sonder quelque

---

5. Fernand Dumont, *La part de l'ombre*, Éditions de l'Hexagone, 1996.

chose de la réalité de la mort. Aucun n'appartient de soi ni exclusivement aux croyants ou aux incroyants. Les uns et les autres partagent ou peuvent partager quelque chose de ces regards, en les colorant de leurs croyances propres. Aucun de ces regards ne vient lever le voile de douleur et de peine qui entoure la mort. Les vraies questions demeurent sans réponse ; on ne peut que se colleter avec elles. Quand on est à pleurer le départ d'un proche ou d'un ami, quand on bute contre le mur de la mort, on est souvent bien insensible aux propos bavards sur la mort et même aux rumeurs de résurrection. Mais, chaque fois, c'est un humain qui meurt, et pour chacun, mourant, survivant ou soignant, il y a la tâche d'humaniser la mort, autant que faire se peut, en lien avec ses croyances.

Terminons ces réflexions sur l'ailleurs qu'est la mort avec cette belle légende amérindienne. Les feuilles qui tombent des arbres à l'automne ne meurent pas. Dans leur chute, elles dansent un instant sous le soleil, puis elles se transforment en oiseaux de toutes les couleurs. Et ces paroles du jeune compositeur Charles Dubé, qui chante [6] :

Je sais qu'un jour il faut vieillir
Je sais qu'un jour il faut mourir
Je sais qu'un jour sera l'automne
Qu'un jour voudra que je moissonne
Seul entre le sable et les étoiles
Bien sûr un jour l'hiver sera
Car la vie n'oublie rien ni personne
Que l'on soit sage ou que l'on tourbillonne.
Je sais qu'un jour il faut vieillir
Je sais qu'un jour il faut partir

---

6. Charles Dubé, disque *Réverbère*, Montréal, 2004.

DEUXIÈME PARTIE

Une Église en automne

⬥

QUE L'ÉGLISE soit en saison d'automne, cela est évident, du moins dans les pays occidentaux. On n'en finit plus de parler de la chute de la pratique dominicale, de la pénurie de prêtres, de l'éloignement des jeunes, de la fermeture de paroisses, de l'affaiblissement draconien des ressources financières. À ces statistiques de décroissance est venu s'ajouter le drame des agressions sexuelles qui a provoqué tout un choc dans l'Église, particulièrement aux États-Unis, mais aussi dans beaucoup d'autres pays. Sur le plan doctrinal subsiste dans l'opinion publique et parmi les croyants un état général d'incompréhension concernant plusieurs des positions tenues par les autorités ecclésiales sur des sujets comme la natalité, l'avortement, le mouvement féministe, l'accès des femmes et des hommes mariés au presbytérat. Cela est connu.

Dans ce contexte, quelles sont les tâches qui s'imposent à cette Église contestée, dépouillée et affaiblie comme forêt en automne? Comment l'Évangile qu'elle porte peut-il résonner encore aux oreilles du monde occidental? Quelles sont les chances et les défis de ce temps? Quels sont les changements qui s'imposent à elle? À quelle révision est-elle convoquée?

Trois voies s'offrent au christianisme. La voie de la *restauration* : il faudrait consolider ce qui reste, revenir aux pratiques d'avant le concile Vatican II, contrer les dérives actuelles. Cette voie ne peut qu'échouer ; elle conduirait l'Église à l'état de musée, comme la femme de Lot changée en statue de sel en regardant vers l'arrière. La deuxième voie est celle de la *dilution lente* : le christianisme se diluerait peu à peu dans les cultures nouvelles, comme le sel dans la soupe. Il y aurait légué des valeurs précieuses, mais il aurait fait son temps, il aurait donné ses meilleurs fruits, il serait à bout de force. La troisième voie est celle de la *renaissance* après l'effondrement de nombre de ses structures et de son appareil. L'Église, comme les individus, comme les sociétés, comme son fondateur, serait sujette à la loi de la mort pour la vie.

Nous croyons que l'Église est « condamnée à renaître », mais nous ignorons quel sera le prix de cette renaissance. Nous en ignorons le calendrier. On ne sait pas à quelle profondeur l'effondrement va nous conduire, jusqu'où il faudra mourir. On ne peut que chercher modestement les voies d'avenir, par-delà le tri et le délestage qui ne font que commencer... On ne sait pas vraiment par où et comment viendront les surgissements nouveaux. La seule vraie question qui se pose et devrait nous préoccuper est celle-ci : comment l'Évangile pourra-t-il résonner, dans le monde de demain, comme une parole neuve qui ouvre un espace de vie ?

Si la nouvelle vision d'une Église renaissante n'apparaît pas encore, il y a quelques lueurs. Et quelques anticipations. Il n'est de vérité qu'à chercher dans la nuit de quel côté la lumière pourra venir. Pour qui accepte ainsi de chercher et de marcher, tout peut se transformer en chemin. C'est dans cette direction que nous allons risquer quelques pas sur des routes déjà fréquentées dans les Écritures.

Au service de la vie

Un jour, je me suis aperçu que les questions éternelles se jouaient au niveau de la terre, dans l'expérience humaine, dans la chair, dans le souffle. Pour moi, tout a changé.

Jean Sulivan

L'ÉGLISE se présente souvent comme la servante de l'humanité, à l'instar de son maître qui s'est fait le Serviteur. C'est sa mission première, qu'elle ne cesse de se rappeler à elle-même. L'Église, signe du royaume des cieux dans une humanité tout entière peuple de Dieu, ne manque pas de témoignages modestes et héroïques de dévouement et de générosité admirables. Ils ne sont pas suffisamment connus, ils sont trop souvent relayés derrière les images de façade. Malgré cela, l'Église catholique donne encore trop souvent l'image d'une Église distante, soucieuse de ses structures, enfermée dans ses dogmes et ses rituels anciens ou archaïques, close dans son discours sans cesse répété. Elle apparaît souvent comme en marge, au-dessus de ce monde. Église enseignante, face à un monde qui ne reçoit plus les discours normatifs.

Comme on souhaiterait qu'elle devienne de manière plus nette la servante de la vie, infiniment ! Au-delà des pouvoirs anciens, des discours usés, des pratiques figées. C'est à cela qu'elle pourrait être menée par l'automne qui la dépouille. Elle devient, elle deviendra plus «évangélique» dans la mesure où, s'oubliant elle-même, dans le plus total désintéressement, elle se fera servante de la vie. Parce que certaine que son Dieu est le Dieu de la vie. Qu'il n'habite pas loin, au-delà des mers, dans quelque superstructure religieuse – il habite au cœur du monde. Que sa Parole ne vient ni de loin ni d'en haut: «Ce commandement que je te prescris n'est pas à ce point stupéfiant, ni hors de portée pour toi. Il ne flotte pas dans les cieux, que tu t'exclames: ‹Qui pour nous montera le prendre dans les cieux, afin que nous l'entendions et le mettions en pratique?› Il ne se trouve pas non plus au-delà des mers, pour que tu dises: ‹Qui ira pour nous le prendre au-delà des océans, afin que nous l'entendions et le mettions en application?› Elle est proche, au contraire, cette parole, toute proche de toi, sur tes lèvres, dans ton cœur, afin que tu la mettes en pratique. Vois, je te propose aujourd'hui le choix entre vie et bonheur, mort et malheur» (Dt 30,11-15).

Il n'existe pas d'univers religieux quelque part, dans quelque ciel au-dessus de nos têtes ou dans quelque église ou basilique particulière. Devenir religieux, ce n'est pas entrer dans une sorte de bulle spirituelle en marge de la vie réelle. Dans une cage de mots et de pratiques soi-disant religieux. Le seul véritable objectif à atteindre, ce n'est pas de devenir religieux, mais de devenir humain, pleinement humain. Comment choisir entre la vie et la mort? Comment vivre? Quelle vie est la mienne? Est-elle pleine ou vide? Qu'est-ce qui me fait vivre? Comment, à travers les joies et les drames de ma vie, découvrir la part du mystère qui m'habite? Jésus n'est pas venu apporter une religion de plus, il est venu pour «qu'on vive, qu'on ait la vie en abondance» (Jn 10,10). C'est bien dommage, constatait Maurice Zundel, que, «si souvent, la religion s'est réduite à un ensemble de rites, d'exclusivismes étroits, parce que l'on ne l'a pas comprise comme l'ouverture à la vie[1] ».

Dès lors, pour l'Église, la question devient : comment se faire ministre, sacrement, donneuse de vie ? En toutes ses paroles, en toutes ses activités, en toutes ses célébrations. Pour les agents de pastorale, il ne s'agit plus de servir une institution, mais de servir la vie des gens. Non pas de chercher à survivre comme institution, mais d'aider les gens à vivre.

Aujourd'hui, nous sommes face à deux sortes de croyants : il y a ceux et celles qui cherchent avant tout à satisfaire aux croyances et aux pratiques établies de leur religion ; et il y a ceux et celles qui cherchent avant tout ce qui est nourrissant et inspirant pour leur vie. Cette deuxième catégorie est en forte croissance. De plus en plus de croyants délaissent le culte refermé sur lui-même, sans lien senti avec leur vie quotidienne et la vie du monde. Le malaise devient évident et insupportable quand, lors d'un événement marquant – un accident, un décès, une fête –, la célébration religieuse se déroule « au-dessus de nos têtes », dans un « ailleurs soi-disant religieux », sans qu'on sente l'écho des joies et des peines de l'existence, selon un rituel figé depuis des siècles, dans quelque monde lumineux insaisissable.

Le récit du prophète Élie (1 R 17-19)

Il est éclairant d'évoquer ici l'itinéraire de ce grand prophète de l'histoire juive et chrétienne. « Dans la Bible, ce

---

1. Maurice Zundel, cité par Emmanuel Latteur, *Les minutes étoilées de Maurice Zundel*, Éditions Anne Sigier, 2001, p. 42.

contemporain d'Homère surgit comme du néant : sans passé, sans attaches, sans domicile, sans signe particulier[2]. » Son nom revient sept ou huit fois dans l'Évangile. Il est notamment présent au jour de la transfiguration de Jésus, en compagnie de Moïse. Élie vit autour des années 850 av. J. C., sous le règne du cruel roi Achab et de la reine Jézabel, ceux-là mêmes qu'on retrouve dans la pièce *Athalie* de Jean Racine. On retient souvent d'Élie l'image du prophète de la colère, inflexible, impulsif, audacieux et téméraire. « Impossible de le cerner : il change trop souvent de lieu et de visage. L'homme le plus romantique, le plus libre et le plus poétique de l'histoire religieuse juive, c'est lui. Dans son cas, l'imaginaire se substitue à la connaissance[3]. » Son récit peut être éclairant pour nous aujourd'hui. Car c'est le récit de l'homme dépouillé de sa puissance, de son univers religieux, et conduit à redécouvrir le Dieu de la vie et à se mettre lui-même au service de la vie.

Au départ, Élie était le prophète sans peur et sans reproche du Dieu des puissances. Il était l'égal du roi, en un temps de corruption du pouvoir et de décadence morale. Par sa parole, il tonnait. Il dénonçait, il condamnait. C'est grisant de se sentir ainsi au-dessus de tous les pouvoirs, et tentant de faire la morale à tout le monde. Jusqu'au jour où l'arrogance le mena trop loin. Il déclara : « Sur la vie de Yaweh, Dieu d'Israël, dont je suis le serviteur, je jure qu'il n'y aura ces années-ci ni rosée ni pluie sans que je l'aie dit. » Notons le « sans que je l'aie dit ». Élie annonce la sécheresse dans tout le pays et c'est lui désormais qui fera la pluie et le beau temps. Le prophète s'est emballé, il a mélangé la parole venue de Dieu et sa propre parole. Tragique amalgame, où la parole

2. Elie Wiesel, *op. cit.*, p. 174.

3. *Ibid.*, p. 175.

humaine se prend pour la parole divine. La réponse de Dieu est immédiate: «Va-t'en! Prends à l'est et cache-toi dans l'oued de Kerit face au Jourdain.»

Voici donc le prophète exclu de son royaume, envoyé en exil, caché dans un ravin, nourri par les Arabes qui lui apportent du pain le matin et de la viande le soir. Quel renversement de situation, quel drame personnel pour cet homme de pouvoir!

L'exil va le mener plus loin. La parole de Dieu lui dit: «Lève-toi, va à Sarepta. C'est là que tu habiteras.» Dans ce petit bled inconnu, il se retrouve épuisé, affamé, sans toit. Il sera accueilli par une veuve qui elle-même est sans moyens, avec «seulement une poignée de farine dans une jarre et un peu d'huile dans une cruche». De ces dernières provisions, elle cuit quelques galettes pour Élie, son fils et elle. Se produit alors ce qu'on appelle le miracle de Sarepta. Le miracle des humbles qui donnent le peu qu'ils ont, qui maintiennent la vie au quotidien. Dans le silence. Sans tambour. Le miracle de «la jarre de farine qui ne s'épuisera pas et la cruche d'huile qui ne se vide plus». Le miracle de la générosité secrète de tant de gens qui travaillent et peinent pour nourrir les leurs, soigner leurs malades, soutenir les personnes âgées, relever les prophètes en panne et en dépression. Sarepta, c'est le nom symbolique des humbles parmi les humbles qui font l'étoffe d'un pays, l'étoffe d'une Église.

Le lendemain matin, le fils de la veuve tombe malade. Le mal s'aggrave et l'enfant rend le souffle. Sa mère est apeurée: elle pense que la présence du prophète a fait mourir son fils. Élie prend l'enfant et pratique sur lui la respiration artificielle. «Le souffle revient à l'enfant, il vit.»

Étonnante scène du prophète d'abord sauvé par la géné-rosité de la veuve et qui, en retour, redonne vie à son enfant. Le prophète de la parole devient le prophète de la vie. Dans un contexte quasi dérisoire : on est loin de la foule et du grand nombre auquel le prophète était habitué. Le voici seul à seul avec un enfant, en train de lui insuffler la vie. Par la force des choses, grâce à un enfant malade, Élie se découvre une nouvelle vocation : donner souffle, donner vie. Souli-gnons que c'est un peu ce qui s'est passé aussi avec le drame des enfants victimes de prêtres pédophiles : c'est à partir des enfants que le scandale a éclaté dans une Église qui avait jusqu'alors fermé les yeux sur un drame sans nom. Ce sont les enfants victimes qui ont forcé les adultes et les responsables à ouvrir les yeux, à dénoncer la « couverture » – le *cover-up* en américain – de ces scandales où, pour les autorités, la défense de l'institution avait pris le pas sur le service de la vie.

Après cette retraite à Sarepta, le prophète revient dans son pays, mais tout se passe comme s'il n'avait rien appris de son expérience d'exil. Comme il est difficile de changer ses com-portements ! Sur sa route de retour, il croise le maître du palais du roi Achab, qui a caché cent prophètes, cinquante par grotte, et les a ravitaillés en pain et en eau. Dans sa pre-mière rencontre avec le roi, Élie retombe dans sa manie du défi et se laisse à nouveau séduire par le pouvoir. Il convoque avec arrogance et suffisance « les 450 prophètes de Baal » pour ce qui ressemble à une super démonstration, un *show* de puissance religieuse.

On connaît ce récit quasi grotesque de l'autel dressé sur la montagne où, comme en rigolant, Élie somme le peuple de « s'approcher de lui » et défie les prêtres de Baal de sacrifier un taurillon pour voir si leur dieu fera descendre le feu pour consommer leur offrande. Ces derniers invoquent le nom de leur dieu, mais le feu ne descend pas sur l'autel. Élie se moque d'eux : « Criez plus fort, le dieu est en train de bavarder, ou il traite une affaire, ou il est parti ! Peut-être qu'il dort ? Il faut le réveiller ! » Les prêtres de Baal ont beau multiplier les incantations et les transes : rien ne se produit. Alors, Élie s'avance à son tour à l'autel, fait placer un bouvillon et, insolent, multiplie les obstacles : il fait jeter quatre jarres d'eau sur le bois et le taurillon et demande aux gens de répéter deux autres fois cet arrosage. Puis, conscient de son ego et de sa fonction, il adresse à Dieu cette prière ambiguë : « Seigneur, montre que je suis, moi, ton serviteur, et que c'est par ta parole que j'ai fait tout cela. » Le feu tombe du ciel et dévore l'holocauste, le bois, les pierres et l'eau dans la rigole. Élie triomphe, il fait capturer les 450 prophètes de Baal et les fait assassiner.

À la suite de ce massacre, la reine Jézabel jure de faire subir le même sort à Élie. Il doit fuir hors de son pays pour sauver sa vie. Il se retrouve de nouveau perdu, dépressif, proche de la tentation suicidaire. « Assez. Maintenant, Yaweh, prends ma vie, car je ne suis pas meilleur que mes pères. »

Le voilà encore une fois au bout de ses forces, et miraculeusement nourri par les anges. « Lève-toi, mange ! Le chemin qui t'attend est trop long pour toi. » Le chemin le mènera jusqu'à la montagne de l'Horeb. Comme le peuple d'Israël au temps de l'exode. Comme Moïse qui y rencontra Dieu dans le Buisson ardent. Cette fois, à un prophète épuisé de fatigue et de douleur, Dieu se révèle, comme on l'indiquait précédemment, dans le murmure d'une brise légère.

Réconforté, réconcilié avec lui-même, avec son Dieu, avec son peuple, Élie revient dans son pays, désormais prophète d'un Dieu différent ; non pas le Dieu des puissances et de la colère, mais le Dieu de la tendresse. De ses déserts, de ses dépressions, des anges, des cavernes, de la brise légère, il a appris quelque chose de sa vérité et de la vérité de Dieu. Il a appris la faiblesse et la douceur. Douceur envers lui-même et sa fragilité. Douceur envers son peuple. Douceur même envers les idoles, qu'il faut savoir lire autant que démolir. Il a appris surtout la douceur de Dieu. Il a appris que le monde ne sera jamais ce qu'on voudrait qu'il soit, que nos déserts ne deviendront jamais jardins, que les montagnes ne bougeront pas, qu'il y a des cavernes de solitude qui peuvent n'être jamais brisées, mais que partout peut souffler une brise légère. Il est désormais là pour annoncer la bonne nouvelle de la pluie qui va tomber sur le pays, de la fin des sécheresses. Il est désormais là pour servir la vie de son peuple, dans les situations les plus ordinaires.

Sur la route de Sarepta

Il est long, le chemin qui a transformé le prophète du pouvoir en humble prophète de la vie. Ce long et laborieux recyclage du prophète fait penser à l'évolution que connaît actuellement l'Église. Il nous apprend une certaine manière d'être dans le monde et dans le peuple de Dieu. Après avoir été l'égale du pouvoir monarchique ou politique, l'Église est aujourd'hui envoyée en exil. Après avoir tant fait la morale aux gens, voici qu'elle se retrouve elle-même habitant une maison de verre. Après avoir dénoncé la sécheresse du monde, la sécheresse est entrée chez elle. L'Esprit de Dieu l'envoie en exil pour y découvrir le mystère de générosité qui fait vivre le monde: les affamés nourris par des étrangers, les veuves qui donnent le pain, les cent prophètes cachés... Tout cela dans un monde qu'on est encore trop souvent porté à dénoncer et à condamner, en le vouant à la sécheresse et au déclin.

Dans cet automne qu'elle vit, l'Église est conduite à se concentrer sur la vie. L'amère et douce vie du monde ordinaire, où rien ne manque des gestes de générosité et de don. Voici qu'elle se redécouvre servante du Dieu de la vie. Humblement. Modestement. Loin des discours de condamnation faciles et des diktats moraux.

On souhaite une Église différente, prophète du Dieu qui se fait « souffle léger ». On pose trop souvent la question : « Croyez-vous en Dieu ? » La vraie question n'est pas celle de l'existence de Dieu. La vraie question, c'est : « Où est-il ? Quel chemin conduit vers lui ? » Le chemin vers Dieu, il passe par le creux des événements de nos vies : dans la chair, dans le souffle. À travers notre recherche du mieux-vivre, du plein-vivre. Il est celui qui vient et qui fait que quelque chose en nous commence à goûter la saveur divine, à ressentir une étrange douceur, un surgissement de notre être tout entier, cœur, chair, sang, esprit, et cette nouvelle et humble tendresse envers nos frères humains et toute créature.

Dès lors, ce qu'on demande à l'Église, c'est de ne pas faire obstacle à la vie quand elle s'éclaire, à cette recherche de l'insaisissable qu'est Dieu. On lui demande de ne pas venir étouffer par ses réponses trop rapides cette voix qui parle où elle veut. De ne pas chercher à proposer ce qui se cherche au cœur de chacun, à référer trop vite à « ce Dieu dont la doctrine, la pratique, la piété usent et abusent jusqu'à provoquer, chez certains, épris de rigueur, la nausée. S'ouvrait l'immense ; le voilà renfermé dans la chapelle, comme l'insaisissable vent dans la bouteille[4]. » Ce qu'on lui demande, c'est

4. Maurice Bellet, *La chose la plus étrange*, Desclée de Brouwer, 1999, p. 80.

d'aider les humains à approfondir leur question sur l'infini, à devenir de plus en plus des vivants alertés par le mystère.

La route de Sarepta, c'est la route qui conduit de l'extériorité à l'intériorité. L'Église est de plus en plus appelée à se faire prophète de l'intériorité. Élie fut, au départ, le prophète du religieux extérieur ; il se montrait insensible, raide, sévère, à la fois ferme et enfermé. Il a fallu que la sécheresse vienne en lui pour qu'il découvre les voies de l'intériorité. Le dépouillement que connaît l'Église aujourd'hui peut se révéler salutaire : il la conduit sur la voie de l'intériorité. Tant il est vrai que la foi n'existe que dans le cœur et la chair des hommes ! C'est là que se murmure et s'entend la parole intérieure qui se doit en tout homme, la même et différente.

Le théologien Maurice Bellet dit bien comment se faufile cette parole. «Avant toute parole qui dit ceci ou cela, ou plutôt en telle parole ou telle autre, cette voix qui dit *la seule chose à entendre* et qui peut prendre *tant de formes* : tu es mon fils, tu es ma fille ; tu resurgis d'entre les morts ; le pire en bas peut être chemin ; tu as place, éternellement ; en toi demeure cet insaisissable don que rien ni personne ne détruira, pas même toi ; vivre est possible ; tu es aimé ; tu peux aimer ; le désir du désir de vivre et d'aimer suffit déjà ; te voici parmi les vivants ; tu es grand à la mesure de ta bassesse, de ton humiliation, de ta douleur ; tu reviens de si loin, à toi le grand chemin, à toi la vérité encore inconnue ; vois ce qui t'est possible et fais-le ; aujourd'hui commence ton commencement, jamais trop tard, jamais trop peu ; il n'y a pas d'homme condamné [5]. » Cette parole intérieure peut être sans mots ; elle peut être un chant, une brise légère comme pour Élie, un mot de l'Évangile qui s'éclaire, une image d'un film

---

5. *Ibid.*, p. 79.

ordinaire, la parole d'un ami, d'un passant, la lumière écla-
tante du matin. Tout peut faire jaillir un frémissement
intérieur, un trait de lumière qui perce les ténèbres.

Jean Sulivan insiste pour dire qu'aujourd'hui rien ne sert
de répéter des listes de vérités abstraites et comme extérieures
au sujet croyant. « Que l'on tourne et retourne les choses, il
n'y a de foi réelle que celle éveillée, suscitée par une parole
ou des gestes qui viennent du dedans. Tout ce qui prétend
agir sur des masses pour déclencher des réflexes risque toujours d'augmenter les ténèbres du monde en assimilant la foi
au fonctionnement des opinions et des idéologies[6]. » Le
drame des religions, c'est l'extériorité, la superficialité, le
dehors, le culte pour le culte, les pratiques pour les pratiques.
C'est le désir suspect de dominer les consciences, c'est la
préoccupation d'assurer leur avenir et celui de leurs institutions, c'est le service d'un Dieu des puissances. L'Église est en
train de redécouvrir le Dieu qui fait vivre, le Dieu qui est
venu en Jésus « pour qu'on vive, qu'on ait la vie en abondance » (Jn 10,10).

Une autre conversion qu'Élie a été conduit à faire porte
sur les nombres. Habitué aux foules et au grand nombre de
croyants, il ne cesse de répéter, au creux de ses misères :
« Comme prophète de Yaweh, il n'y a plus que moi... Ils ont
détruit tes autels et passé tes prophètes par l'épée. Il ne reste
plus que moi, et ils cherchent à m'ôter la vie ! » Cette plainte
d'être les derniers, qu'il « ne reste que nous », on l'entend souvent de nos jours. Les églises se vident, il n'y a plus de vocations. « Je suis le dernier pasteur de votre paroisse. »
« Sommes-nous les derniers des chrétiens ? » Élie a eu
quelques bonnes surprises à ce sujet. D'abord, la surprise

---

6. Jean Sulivan, *Parole du passant*, Le Centurion, 1980, p. 92.

d'être sauvé par la générosité d'étrangers, des Arabes, par la générosité d'une veuve et le miracle de la cruche qui ne désemplit plus, par le soutien d'un fonctionnaire du roi qui lui révèle qu'il a caché et nourri cent prophètes pour les protéger des milices de la reine. Il apprend surtout, revenu dans son pays, que Dieu laissera « la vie à sept mille hommes en Israël : tous ceux dont les genoux n'ont pas plié devant Baal et dont les bouches ne l'ont pas embrassé » (1 R 19,18). Lui qui avait tant annoncé la sécheresse, voici qu'il découvre mille sources. Mille, c'est le grand nombre ; sept fois mille, c'est la plénitude. Promesse d'un reste imprévu, non pas un reste mathématique, mais séminal. Quand nous prions aujourd'hui pour les vocations, inquiets de l'avenir de l'Église, il faut laisser place à la surprise qu'il y a déjà nombre de croyants à l'œuvre, même loin et au-delà de nos frontières ecclésiales. Peut-être nos prières pour les vocations sont-elles depuis longtemps exaucées. Notre Église a seulement du mal à reconnaître et à accepter les vocations déjà à l'œuvre.

Le reste séminal promis n'est peut-être pas celui auquel on pense le plus souvent, c'est-à-dire les groupes et mouvements spirituels, les jeunes candidats à la prêtrise. Certes, la présence de ces derniers constitue un gage, une espérance. Mais il est possible que les chrétiens dits « culturels », ceux qui ont délaissé la pratique liturgique régulière, fondent davantage l'avenir de l'Église que les groupes « chauds » et charismatiques. Ceux à qui l'assemblée dominicale ne dit plus rien ne sont pas forcément légers, insouciants, incohérents. Beaucoup gardent éveillés l'interrogation sur l'infini et le sens de la prière authentique. Même loin de l'institution ecclésiale et de la pratique liturgique, ils sont plus nombreux qu'on ne le croit à garder le souvenir effectif de l'Évangile et de la foi pratique, efficace. Le souvenir et les œuvres. La mémoire de Jésus et le verre d'eau donné à un frère.

Dans un monde qui est ainsi peut-être plus banal que séculier, la dimension sacrée de la vie a besoin d'être mise en relief par des hommes et des femmes du commun à travers l'épaisseur de toute la vie. On attend des croyants et de leurs pasteurs qu'ils soient avant tout des éveilleurs spirituels. Non pas ceux qui entretiennent le spirituel coupé de la vie, mais une sorte d'alerte sur le spirituel et sur l'infini. Cela implique qu'ils soient eux-mêmes éveillés et habités spirituellement. Qu'ils soient avant tout les vecteurs, les ministres du spirituel avant de se présenter ou d'être reconnus comme les membres ou les employés d'une organisation. Maurice Zundel écrit : « Il ne s'agit pas de convertir les êtres en leur jetant des paquets d'arguments, mais de baisser les yeux avec tant d'amour qu'ils comprennent qu'il y a en eux une valeur tellement grande et tellement belle. Les êtres ne croiront en lui, le Dieu vivant, que lorsqu'ils découvriront en nous une source de vie[7]. »

---

7. Cité par Emmanuel Latteur, *op. cit.*, p. 42.

Temps d'incertitude

Dieu voit clair, mais l'homme est celui qui avance dans le brouillard.

Milan Kundera

AVEC L'AUTOMNE, le soleil se fait plus rare, l'obscurité gruge chaque jour la lumière du matin et du soir. Les feuilles qui changent de couleur en sont les premières touchées. La variation de coloris est due, on le sait, à une transformation dans le processus de photosynthèse qui mise sur la lumière. Quand les jours se mettent à raccourcir, la luminosité étant réduite, les cellules des feuilles arrêtent peu à peu de produire ce qu'il faut pour le renouvellement des tissus, ouvrant ainsi la voie aux couleurs jaune, orange et brune.

Il se produit un peu la même chose chez les humains. Beaucoup de gens se sentent complètement déboussolés par la diminution de la luminosité naturelle. Ils éprouvent un affaiblissement de leur entrain, se trouvent plus portés à dormir, certains ont le cafard et deviennent maussades. La lumière a un effet marqué sur notre tonus, sur notre santé. Les travailleurs de nuit en savent quelque chose, comme aussi les voyageurs affrontés au décalage horaire. C'est notre horloge biologique qui est touchée. Entrer dans l'automne, c'est accepter de vivre ces jours plus sombres et les troubles affectifs qui peuvent s'ensuivre. C'est la saison du clair-obscur. C'est octobre, avec sa lumière tamisée, oblique, raccourcie.

Cet aspect de l'automne a quelques liens avec notre situation ecclésiale. Nous avons été habitués à vivre dans la pleine lumière des principes et des pratiques. Tout était clair et bien défini. Aujourd'hui, tout semble devenu plus flou. Les croyances, les pratiques, tout est remis en question. Nous sommes entrés dans l'ère des incertitudes. L'ère où toutes les idéologies sont tombées en panne : communisme, néolibéralisme, scientisme, hédonisme, etc. Il faut vivre dans ce temps d'obscurité. Comment être croyant lorsque les certitudes sont ébranlées ?

La première tentation qui se présente, c'est le retour aux certitudes. Le retour aux sécurités anciennes. Tel est le mouvement spontané des groupes fondamentalistes qui, devant les vicissitudes du temps présent, insistent pour que tout soit clarifié dans l'ordre des principes et des comportements. Il faut protéger et défendre ce qu'ils appellent « les valeurs morales », même si le sens de cette expression demeure terriblement vague et souvent ambigu, surtout dans les débats politiques. Plus les vagues et les vents contraires sont forts, plus ils s'agrippent fermement au roc imperturbable de leurs croyances. Cette tentation est présente dans notre Église : un certain nombre de croyants insistent pour que l'on revienne aux enseignements traditionnels, aux énoncés clairs et fermes, aux pratiques bien établies. Ils dénoncent ce qu'ils appellent la « mollesse » du temps et des discours.

L'autre tentation, c'est de sombrer dans le relativisme. De s'abandonner aux courants dominants de pensée et de comportement. De relativiser et de diluer les données de la foi. De choisir finalement ce qui nous plaît. De se dresser un *credo* personnel, comme on choisit son repas dans un buffet. Nous avons ainsi ce qu'on appelle « les croyants à la carte », affranchis des enseignements d'une Église, pratiquant le mélange et la sélection de croyances diverses.

Il faut éviter les deux tentations. Il faut savoir s'agripper au rocher de la foi tout en acceptant de nager dans les eaux troubles de notre temps. Comme dit le psaume : « Dans le noir, si l'essentiel est détruit, que peut faire le juste ? » (Ps 10,3). Ouvrons une page de l'Évangile toute pleine de contrastes, entre l'obscurité et la lumière.

Le récit de l'aveugle de naissance (Jn 9,1-41)

Jésus passe près du temple de Jérusalem et aperçoit un aveugle de naissance, un homme qui a donc toujours vécu dans l'obscurité, sans jamais voir la lumière du jour. Il pose la question à ses disciples : « À qui la faute s'il est né aveugle, à lui ou à ses parents ? » C'est la question qui vient spontanément à l'esprit de tous devant la maladie : qui est coupable ? Le premier réflexe est de faire tomber le blâme sur le malade lui-même ou sur ses proches. Jésus, devinant la réponse implicite des disciples, déclare d'emblée : « La faute n'est ni à lui ni à ses parents. » Voilà une première certitude ébranlée : le mal n'est pas venu de lui ni de ses parents. Écartez, dit implicitement Jésus, ces pensées de fausse culpabilité qui écrasent lourdement ceux que la vie n'a pas choyés. Ne faites pas ce lien trop facile et injuste entre malheur et péché. Jésus ajoute : cet aveugle est là « pour que l'action de Dieu se manifeste à travers lui ». Et parlant de nuit et de lumière, il ajoute : « Tant qu'il fait jour, il nous faut remplir les tâches de celui qui m'envoie. La nuit tombée, on ne peut plus agir. Tant que je suis dans le monde, je suis la lumière du monde. »

Puis Jésus cracha par terre, fit de la boue avec sa salive et l'appliqua sur les yeux de l'aveugle en disant : « Va te laver dans le bassin de Siloé. » L'homme partit, se lava et, au retour, il voyait. Étonnante médecine, ultrarapide : de la boue dans les yeux, comme pour accroître l'obscurité, comme pour enfoncer davantage dans le noir. Mais en même temps massage de renaissance : avec l'argile dans les yeux, c'est comme si l'aveugle revenait au premier matin de la création.

Commence alors l'étonnant spectacle des réactions des gens sur ce qui vient de se produire. On voit s'aligner les uns et les autres sur ce qu'ils ont vu, d'une part, ou refusent de voir, d'autre part. Une ligne de démarcation très nette s'établit entre ceux qui savent, d'un côté, et ceux qui ne savent pas, de l'autre. Combat frappant entre la lumière et les ténèbres.

« Les voisins et ceux qui l'avaient connu auparavant, mendiant, se demandent : ‹ N'est-ce pas celui qui était assis là et mendiait ? › Les uns disent : ‹ C'est lui. › D'autres : ‹ Non, mais il lui ressemble. › » Non, réplique l'aveugle guéri : « C'est bien moi. » Incrédules, ils demandent : « Tes yeux, comment ont-ils été ouverts ? » Il répond : « L'homme qu'on appelle Jésus, il a fait de la boue, il l'a appliquée sur mes yeux, il a dit : ‹ Va te laver à Siloé. › J'y suis allé, je me suis lavé, et j'ai vu clair. » Ils demandent : « Où est cet homme ? – Je ne sais pas », dit-il.

L'interrogatoire se poursuit devant les pharisiens. Ce sont eux, les chefs, qui savent, qui connaissent la loi, qui sont experts en matière religieuse, qui connaissent les voies de Dieu. Or, ce jour où Jésus a fabriqué de la boue et aurait ouvert les yeux de l'aveugle, c'était jour de sabbat. Jour des interdits ! Ils soulignent immédiatement l'erreur, voire le scandale en ce jour où rien du genre n'est permis. Les pharisiens veulent d'abord un premier récit des faits. Ils demandent à l'aveugle comment il a recouvré la vue. Lui reprend le même récit factuel. Sa réponse ne satisfait évidemment pas les pharisiens. Certains d'entre eux ont déjà conclu : « Un homme qui ne respecte pas le sabbat ne vient pas de Dieu. » D'autres sont moins affirmatifs : « Comment un coupable pourrait-il accomplir pareil prodige ? » C'est la division entre eux. Ils décident de faire un deuxième interrogatoire. « Toi, que dis-tu de lui et du fait qu'il t'a ouvert les yeux ? » Il répond : « C'est un prophète. »

Témoignage irrecevable. À défaut de croire le témoin principal, on met en doute le fait qu'il ait été aveugle auparavant. Il faut vérifier si le témoin était aveugle en premier lieu. « Les Juifs n'ont pas cru – puisque l'homme voyait – qu'il avait été aveugle, jusqu'à ce qu'ils aient convoqué ses parents. ‹ S'agit-il bien de votre fils qui, selon vous, est né aveugle ? Comment peut-il voir à présent ? – C'est notre fils, répondent les parents, ça nous le savons, et il est né aveugle. À présent, comment il voit, ça nous ne savons pas, et qui lui a ouvert les yeux non plus. Demandez-lui, il est en âge de s'exprimer. › » Les parents répondaient ainsi par crainte. En effet, les autorités juives avaient déjà décidé que quiconque reconnaîtrait le Christ en Jésus serait exclu de la synagogue. Voilà pourquoi les parents disaient : « Il est en âge de s'exprimer, demandez-lui. »

Comme il est difficile de voir les choses sous un autre angle quand on sait, quand on croit posséder la vérité, quand on refuse d'entendre la parole simple des gens ! Les pharisiens convoquent l'aveugle à un troisième interrogatoire. « Rends gloire à Dieu ! Nous savons quant à nous que cet homme est un dévoyé. – Dévoyé, moi je n'en sais rien, répond-il. Je sais une chose, c'est qu'avant j'étais aveugle et qu'à présent je vois. » Ils demandent : « Mais qu'est-ce qu'il t'a fait ?

Comment t'a-t-il ouvert les yeux? – Je vous l'ai déjà dit, mais vous n'écoutez pas. Pourquoi voulez-vous que je recommence?» L'aveugle devient soudainement plus audacieux, il leur pose une question en retour: «Souhaitez-vous devenir, vous aussi, ses disciples?» Alors, ils le couvrent d'injures: «C'est toi, son disciple, nous, nous sommes disciples de Moïse. Nous savons que Dieu a parlé à Moïse; lui, nous ne savons pas d'où il sort. – Oui, c'est bien là l'étonnant, dit l'aveugle, que vous ne sachiez pas d'où il sort alors qu'il m'a ouvert les yeux. Dieu n'écoute pas les dévoyés, c'est connu; mais si quelqu'un le respecte et suit sa volonté, il l'écoute. On n'a jamais entendu dire que quelqu'un ait ouvert les yeux d'un aveugle-né. Si celui-là n'est pas proche de Dieu, il n'aurait rien pu faire.» Ils lui répondent: «Tu es dans l'aveuglement depuis ta naissance et tu nous fais la leçon?» À la fin, ils l'expulsent.

Jésus apprend qu'ils l'ont expulsé. Il le retrouve et lui demande: «Fais-tu confiance, toi, au Fils de l'homme? – Dis-moi, Seigneur, qui c'est et je lui fais confiance. – Tu le vois, dit Jésus, il est en train de te parler. – Oui Seigneur, je te fais confiance», dit l'homme en l'adorant.

Les derniers commentaires de Jésus sur cette scène sont particulièrement étonnants. «Je suis venu dans ce monde exercer la justice. Pour que les aveugles voient et que les voyants deviennent aveugles.» Ayant entendu ces paroles, des pharisiens qui se trouvaient là ont demandé: «Et nous, on est aveugles? – Si vous l'étiez, dit Jésus, vous ne seriez pas coupables. Mais votre péché persiste parce que vous dites y voir clair.»

Sur la route de Siloé

«Parce que vous dites y voir clair...» Tel est l'un des risques les plus grands en temps d'incertitude: prétendre qu'on y voit clair. Dire que l'on sait, peu importe les témoignages et les échos du monde. Alors, ceux qui sont aveugles voient. Ceux qui voient deviennent aveugles. La question est posée: qu'est-ce qui nous empêche de «voir»? Terrible question: «Serions-nous des aveugles, nous aussi?»

En 1986, au sommet de la guerre froide, Jean-Paul II invitait deux cents leaders religieux à Assise pour prier pour la paix, chacun selon ses voies. Geste d'humilité, geste de solidarité. Les chefs religieux du monde acceptaient de chercher ensemble, de se rapprocher les uns des autres, conscients des menaces qui pesaient sur la planète et des attentes du monde à l'endroit des religions. Ils acceptaient de marcher ensemble sur la route de Siloé, la route de ceux pour qui tout n'est pas clair, celle qui conduit des certitudes fermées à la confiance que tout peut croître en Dieu. Le pape Jean-Paul II fut fort critiqué par les cercles traditionalistes qui craignaient que cette rencontre soit perçue comme une caution donnée au pluralisme religieux. L'initiative a cependant marqué les consciences et elle se poursuit chaque année par de semblables rencontres de prière. La route de Siloé, c'est la route à faire en temps d'incertitude.

La route de Siloé, c'est la route des gens qui commencent à parler. L'aveugle-né, c'est l'inconnu qui parle le plus dans l'Évangile. Comme il est beau de le voir prendre la parole devant le tribunal impitoyable des pharisiens! Il parle avec l'assurance et l'autorité de celui qui s'en tient strictement aux faits, à ce qui lui est arrivé. Il reconnaît ce qu'il sait et ce qu'il ne sait pas. Il refuse de se laisser entraîner sur des questions ou des sujets qui le dépassent. L'aveugle de naissance, c'est le croyant qui se lève et qui parle, au nom de l'expérience qui est la sienne, dans la liberté.

En temps d'incertitude, les croyants sont ramenés à cet apprentissage premier : parler. Il est en effet capital que les croyants puissent parler par eux-mêmes, devenir capables de dire leur vie et leur foi. Il n'est pas facile de parler dans une Église qui a été pendant des siècles l'Église du silence. Une Église où la parole a été confisquée par les seuls chefs, et y demeure encore trop souvent monopolisée par eux.

Parler, ce n'est pas répéter. Les catéchismes d'autrefois faisaient répéter dans l'espoir de rejoindre la mémoire et le cœur. Aujourd'hui, les gens se refusent à répéter, car la répétition n'est plus le chemin qui conduit au cœur et aux convictions. Pour croire aujourd'hui, il faut pouvoir parler soi-même. C'est prendre la parole sur ce que nous vivons, sur ce que nous voyons, sur ce qui nous arrive. Parler sur ce qui nous fait vivre, sur ce que nous croyons, oser dire nos doutes, chercher. Parler, c'est avoir le courage de se tenir debout devant les autorités, au nom de la parcelle de vérité que l'on tient. Parler, même quand tout le monde autour dit de se taire. Parler, même quand les autorités déclarent que tel ou tel sujet ne doit pas être abordé, parce qu'il est soi-disant réglé. Parler, même quand on court le risque de se faire traiter de « dévoyé », de « marginal » ou de « pécheur ». Parler, non pas pour créer la division et la discorde, mais au nom de la réalité que l'on vit, au nom de l'humble vérité que l'on cherche. Qui ne parle pas demeure un enfant. *Infans*, en latin, avant de désigner un enfant, veut dire « incapable de parler », « être muet, sans parole ».

Que de richesses demeurent inconnues parce qu'on entend si rarement la parole de nos frères et sœurs dans la foi! On ne sait pas ce que l'Esprit accomplit en elles et en eux. C'est comme un immense réservoir qui demeure inexploité. Comme une nappe phréatique ignorée qui pourrait irriguer et rafraîchir tant de nos rassemblements officiels et féconder tant de sermons répétitifs et desséchés. Dans les mouvements spiritualistes aujourd'hui, on fait une large place à ce qu'on appelle le témoignage. C'est le cas notamment des Alcooliques Anonymes et de tous les autres regroupements d'anonymes de toutes sortes: anonymes de la drogue, du divorce, des jeux compulsifs, de l'avortement, du deuil, de la retraite, de la maladie, etc. La première tâche à laquelle ces mouvements s'adonnent, c'est d'aider les gens à recomposer leur histoire, à la dire. Le simple fait de raconter inaugure le processus de guérison ou de relèvement.

Les mouvements chrétiens et spirituels pratiquent également ce genre de démarche qui rejoint les attentes profondes de bien des gens. Dans les assemblées eucharistiques, on y demeure malheureusement réfractaires. Encore une fois, on ne sait pas ce dont on se prive en ne laissant pas parler davantage l'Esprit qui habite les croyants et croyantes réunis. Il ne s'agit pas de transformer l'assemblée en forum chaotique d'échanges ou de discussion. Mais il faudrait trouver le moyen de faire jaillir cette parole secrète qui se murmure dans la vie des uns et des autres. Il est possible de le faire. Notamment au temps de la prière dite universelle, qui vient souvent trop loin, trop tard, et qui demeure la plupart du temps complètement abstraite et irréelle. Mais il faut aller plus loin que cette prière. Plus important que de commencer la célébration par des processions où le Livre est porté au bout des bras, il faudrait prendre le temps d'évoquer et de se dire la parole que l'Esprit a pu faire lever dans la vie des uns et des autres, à travers les petits et grands drames de la semaine, les peines et les joies ordinaires, tout ce que chacun porte au cœur et au corps en venant à l'église. Ce réservoir est laissé de côté. Il est pourtant le terreau foncier de toute célébration. On mise trop sur des textes bibliques lus et expliqués à des fidèles que l'Esprit a déjà rejoints et parfois conduits ailleurs.

Si les croyants sont appelés à faire l'apprentissage de la prise de parole, l'Église en ses chefs est appelée à faire l'apprentissage de l'écoute. En temps d'incertitude, il est capital que l'Église se montre capable d'écouter. Ce sera pour elle aussi un long apprentissage. Elle s'est tellement définie comme une Église enseignante, qui encadre les croyances et apprend aux fidèles comment vivre leur foi, qu'il lui est difficile de se comporter comme une Église de la conversation. C'est pourtant le mot que Paul vi appliquait à l'Église, dans l'encyclique *Ecclesiam suam* qui développait longuement le thème du dialogue. «L'Église se fait conversation[1].» Le mot « conversation» vient du latin *conversari* qui signifie : se trouver habituellement, vivre avec quelqu'un, rester, séjourner. La conversation naît des événements, de la vie. Elle naît d'une rencontre avec d'autres, d'un séjour avec eux.

Et pourquoi converse-t-on? Pour rompre la solitude. Pour sortir du silence. Le silence peut être une prison quand il enferme, quand il écrase, quand il tue. On converse parce qu'on ne peut plus se taire. On converse pour vaincre la séparation. Pour sortir de la prison du moi, par le langage. Pour partager quelque chose, un événement, une pensée, une émotion, un sourire. On converse pour habiter. «Pour habiter

---

1. Paul vi, encyclique *Ecclesiam suam*, août 1964, n° 67.

ensemble l'essentielle solitude, l'essentielle séparation, l'essentielle et commune fugacité. Pour décrire le temps qu'il fait, le temps qui passe. Pour raconter ce qu'on devient, ce qu'on est, ce qu'on attend. Pour dire la distance sans l'abolir. Le silence, sans le corrompre[2]. »

Quand Paul VI dit que « l'Église se fait conversation », il indique la volonté d'entrer en relation avec les gens, de se mettre à l'écoute des personnes, des groupes, des communautés. Il souhaite une Église non plus seulement enseignante, mais également apprenante, à même le dialogue avec le monde. C'est un défi encore à relever.

Le défunt cardinal Hume écrivait: « J'ai besoin d'écouter, même si rien n'en ressort. Je pense souvent que je sais exactement ce qui doit être fait, mais parfois je suis terriblement dans l'erreur. J'ai besoin de parler à la fois à ceux qui sont mes amis et à ceux qui ne sont pas mes amis. Mais dans un climat de vrai dialogue. Si l'on souhaite exercer un véritable leadership dans l'Église aujourd'hui, il faut écouter non seulement les voix qui nous sont agréables, et pas seulement les édits qui viennent de Rome. Il faut chercher à écouter là où l'Esprit souffle – vous entendez une petite voix et vous dites: ‹ Ça y est! › Non pas le consensus – ce n'est pas une façon de conduire. Je suis sûrement influencé par le troisième chapitre de la *Règle* de saint Benoît. Quand quelque chose d'important se brasse, convoquez la communauté et écoutez l'Esprit. Et permettez au plus jeune, le moins expérimenté, de parler en premier, de telle sorte qu'il ne soit pas submergé par tous les experts[3]. »

Écouter, car l'Esprit peut parler à partir des personnes ou des lieux les plus inattendus. Dans l'Église et hors de l'Église.

---

2. André Comte-Sponville, *op. cit.*, p. 53.

3. Cité par G. Goulding, *Creative Perseverance*, Novalis, 2003, p. 51.

Le leadership consiste à donner voix à tout ce que l'Esprit insuffle dans le cœur des gens et au cœur du monde. On reste sourd aux voix de l'Esprit à vouloir maintenir une structure tout axée sur la parole gérée et contrôlée par quelques-uns. En temps d'incertitude, on appelle un leadership d'inspiration et beaucoup moins un leadership de contrôle. L'Église qui se montre capable d'écouter le plus humble ou le plus faible des siens est celle qui sera la plus créative. On parle de plus en plus d'une Église qui a du mal à engendrer dans la foi. Elle n'engendrera pas des clones. Les croyants de demain voudront affirmer leur identité, ils voudront parler et être écoutés. Cela leur paraîtra incontournable pour croire vraiment. Il n'y a pas de plus belle reconnaissance que celle d'être écouté. À l'inverse, rien n'est plus décourageant que d'entendre fidèles, prêtres ou agents de pastorale déclarer: « Je n'ai jamais été entendu. »

Siloé, c'est la route de la patience. La route de ceux qui commencent à voir et à parler. La route qui fait naître des « sujets » qui trouvent leur identité. D'où la nécessité du dialogue et de la possibilité d'avancer à son rythme. C'est la route où l'on garde la conviction que tout peut croître en Dieu, même si tout n'est pas clair au point de départ, même si les adhésions demeurent souvent partielles, provisoires.

Siloé, c'est la route qui fait place au questionnement et au doute. Pour apprendre, il faut poser des questions. Chercher à y répondre. Dire des « je ne sais pas ». Ne pas prétendre que tout est clair. Le drame de la question, c'est la réponse. La réponse trop rapide, venue d'ailleurs, imposée. « Croire, écrit Fernand Dumont, c'est faire la part du doute, mais d'un doute qui ne se dérobe pas devant le consentement[4]. »

4. Fernand Dumont, *Une foi partagée*, Bellarmin, 1996, p. 16.

Jean-Claude Guillebaud estime que le doute sert aujour-
d'hui d'aiguillon, il fait partie de l'expérience de la foi en
temps d'incertitude et de diaspora. « Qu'elle soit religieuse ou
politique, la croyance ne peut plus être impériale, péremp-
toire et oppressive comme elle le fut au temps des tyrannies.
L'oppression survient toujours lorsque la croyance n'écoute
plus ce qui la dérange, lorsqu'elle se dérobe au doute qui la
travaille. Il nous incombe de repenser le statut de l'engagement comme celui de la foi. Toute vraie conviction ne peut
être désormais qu'un choix imparfait – et volontaire – qui
‹ embarque › héroïquement le doute dans ses bagages. Et cet
aiguillon du doute, elle ne doit pas cesser de le regarder en
face, de l'affronter et – peut-être même – de le chérir. La foi
au prix du doute, le doute tempéré par la foi, c'est ce qu'on
pourrait appeler une croyance ‹ diasporique ›, qui ne jouit
plus de la sécurité du temple pour l'abriter, mais qui est en
chemin[5]. »

Les psaumes le répètent : le Seigneur est lumière. Mais
cette lumière luit au fond d'un lieu obscur. « Il est la lampe de
nos pas sur une route de ténèbres. » Nous n'avançons pas dans
la pleine lumière, tant s'en faut. « Quel secret habitons-nous ?
Quel mystère nous habite ? Nuit de Dieu, de Dieu en tout !
Toutes choses y gravitent, mais celui qui les a dites est nuit à
nuit avec nous[6]. »

Dans notre monde séculier, la parole de Dieu n'a pas un
son ou un sens privilégié. Elle est perçue comme une parole
parmi d'autres : une parole lointaine, ardue, souvent incom-
préhensible. Dans les célébrations liturgiques, on a, depuis le
concile, tenté de rétablir la fonction première et détermi-

5. Jean-Claude Guillebaud, *Le goût de l'avenir*, Seuil, 2003, p. 262.
6. *Liturgie des heures*, volume 4, Cerf-Desclée-Mame, 1980, p. 1407.

nante de la Parole. Le Livre est mis en évidence et la procla-mation a été solennisée. Mais dire ou lire la parole de Dieu ne donne pas automatiquement une supériorité aux yeux des gens. Il faut éviter une approche de l'Écriture teintée de fon-damentalisme. Les gens sont désormais habitués à un fonc-tionnement autre : la vérité naît de la discussion, de l'échange. Chacun veut avoir la liberté de poser ses questions. Pour les gens, il n'est pas du tout tenu pour acquis que l'Église a raison, qu'elle possède seule la vérité. Ils savent que même la parole de Dieu appelle une interprétation. Dans notre culture, les institutions qui croient détenir seules la vérité et veulent l'imposer coûte que coûte ont peu de chances d'être entendues. On se méfie de tous les discours : publicitaire, syndical, politique, religieux. Cela est capital pour l'annonce de l'Évangile. Il ne suffit pas de proclamer le Livre, encore faut-il que son message parvienne aux oreilles et au cœur des gens qui l'entendent.

Sans faux discours sur notre expérience, sur les vocations, sur nos craintes face à l'avenir, ne repoussons pas l'idée que l'Église que nous sommes avance en partie dans le noir. Autrement, nous nous coupons d'une possible renaissance, nous nous coupons d'un instant et d'une situation de grâce.

Compassion d'abord

> *Trop de paroles. Il suffit de prendre un balai et de balayer le seuil de la maison. Cela en dit assez.*
>
> Mère Teresa

À L'AUTOMNE, lorsque les feuilles sont tombées, les arbres font apparaître le profil de leur tronc et de leurs branches. Ils sont beaux, ces profils noirs, effilés, figés. Ils ressemblent à des corps d'athlètes nus, musclés, forts, tendus. Silencieux. Transis. Fini le gazouillis des feuilles et du vent. Finies les différences entre les feuillus. Tous semblables, droits, présents. D'une présence pure. Sur fond de neige et de ciel bleu, ils dessinent avec des traits sombres des fusains ou des aquarelles sans pareils. Quand vient le givre matinal ou la première neige, ils s'habillent de fines dentelles, légères, soyeuses. Quand vient le verglas, ils étincellent comme du cristal.

Dans l'Église en automne, il se produit un phénomène un peu semblable. Dépouillée de tous ses feuillages, elle révèle son tronc. Elle est ramenée à l'essentiel. À la présence pure. Ces dernières décennies, le trait majeur et le plus remarqué qui est apparu dans l'Église, c'est la présence auprès des pauvres. C'est l'option préférentielle pour les démunis, formulée et soulignée notamment dans les Églises sud-américaines. On connaît les grands noms, les grandes « icônes » de cette Église branchée sur le service des plus pauvres : Mère Teresa, l'abbé Pierre, Jean Vanier, Hélder Câmara, Mgr Oscar Romero, bishop Desmond Tutu, Martin Luther King. Ils sont comme de grands arbres qui marquent le paysage chrétien, ils transcendent partout les images d'une Église en déclin. Ils ont été ou demeurent des personnes « cardinales » pour le témoignage évangélique et la crédibilité de la foi. Du témoignage de Jean-Paul II, le monde retient avant tout son soutien au mouvement *Solidarité* en Pologne, qui a amorcé la fracture de l'Empire soviétique, et son engagement résolu, dans tous les pays du monde qu'il a visités, pour la lutte contre la pauvreté et pour la libération des populations opprimées.

Dans le sillage de ces grands noms, de plus en plus de croyants et croyantes du quotidien choisissent ainsi de se concentrer sur les gestes essentiels de la foi : vêtir les gens nus, soigner les malades, visiter les prisonniers, accueillir les itinérants, donner à manger dans des soupes populaires aux affamés de nos villes, reconnaître les droits des peuples indigènes, secourir les familles et les enfants des bidonvilles, aider les jeunes à sortir de la drogue ou de la prostitution, soutenir les familles monoparentales, abriter les victimes d'agressions et de violence de toutes sortes. La liste est longue des initiatives et des projets accomplis le plus souvent dans le silence. C'est l'Évangile à l'œuvre, l'Évangile essentiel, l'Évangile des croyants et des incroyants. « J'avais faim. Vous m'avez nourri. J'avais soif. Vous m'avez donné à boire. J'étais un étranger. Vous m'avez ouvert votre porte. J'étais sans vêtements. Vous m'avez vêtu. J'étais malade. Vous avez veillé sur moi. J'étais au cachot. Vous êtes venus me voir... Chaque fois que vous avez agi de la sorte avec le plus petit de mes frères, c'est à moi que vous l'avez fait » (Mt 25,35-40).

Ces praticiens de la compassion, ces assoiffés de justice, ces croyants de toute allégeance, croyants en Dieu ou avant tout croyants en l'humanité et au droit à la vie pour tous, sont engagés sur ce qu'on pourrait appeler la route de Jéricho. La route des blessés de la vie et de la fortune. La route où l'on apprend que nos fragilités nous établissent en solidarité avec les démunis.

La parabole du voyageur samaritain (Lc 10,29-37)

La parabole du « bon Samaritain » est bien ancrée dans la culture et dans le langage populaire. Relisons cette page de l'évangéliste Luc non pas, comme on le fait d'habitude, avec les yeux de celui qui porte secours, c'est-à-dire le Samaritain lui-même, mais plutôt avec ceux du blessé qui est dans le ravin le long de la route. C'est d'ailleurs dans cette direction que pointent la question du légiste : « Qui m'est proche ? » et la question reprise par Jésus : « Qui a été proche de la victime des brigands ? »

Relisons aussi cette page de Luc avec en tête ce qui nous est arrivé lorsque nous avons nous-mêmes été renversés par la vie. Nous étions désemparés sur le bord de la route, sous le choc, parce que malades, handicapés, isolés, rejetés, suspectés, condamnés, calomniés, dépressifs, divorcés, en faillite, sans le sou, sans travail, sans adresse. Qui s'est fait proche de nous à ce moment-là ? Qui nous a vus, qui nous a relevés ? Quand on se trouve ainsi dans la dèche au fond d'un ravin, le regard et la perspective changent considérablement. Jéricho, c'est la route où nos propres fragilités nous familiarisent avec les pauvres et les faibles du monde entier.

Se présente à Jésus un légiste juif qui veut le mettre à l'épreuve. Il lui demande : « Maître, que dois-je faire pour hériter de la vie éternelle? » La question est centrale, essentielle. Jésus répond : « Qu'est-il écrit dans la loi? Que lis-tu? » Il répond : « Tu aimeras le Seigneur ton Dieu sans la moindre réserve de ce qui te fait vouloir, être, agir et penser, et tu aimeras ton proche du même amour que toi-même. » Ce type-là est formé, il connaît la loi, il sait la réponse par cœur, elle est juste, elle va droit à l'essentiel. Jésus le félicite : « Tu as bien répondu. Fais-le et tu vivras. »

Non satisfait cependant de montrer qu'il sait, le légiste cherche aussi « à paraître juste ». C'est pourquoi il pousse plus loin le questionnement. Il demande à Jésus : « Mais qui m'est proche? » Jésus lui répond en parabole.

« Un homme, alors qu'il se rend de Jérusalem à Jéricho, tombe sur des bandits. Ils le dépouillent, le rouent de coups. Puis ils partent, le laissant pour mort. Un prêtre passe là par hasard. Il le voit et continue son chemin. De la même façon arrive un lévite. Il le voit et continue son chemin. Mais un voyageur samaritain passe près de lui. Il le voit et s'émeut. Il s'approche et panse ses blessures. Il lui verse de l'huile et du vin et le hisse sur sa propre monture. Il le conduit dans une auberge et prend soin de lui. Le lendemain, il donne deux pièces d'argent à l'aubergiste en lui disant de prendre soin de lui et qu'il rembourserait, à son prochain passage, les frais supplémentaires quels qu'ils soient. Qui, selon toi, de ces trois-là a été proche de la victime des brigands? » Il répond : « Celui qui a eu pitié de lui. » Jésus lui dit alors : « Va, et agis de cette façon. »

Au départ, cette parabole contient une sévère pointe critique de la religion. Le premier à passer est un prêtre. Le blessé dans le ravin le reconnaît à son vêtement et se dit, comme tout le monde qui lit ou entend la parabole : « Il va s'arrêter, c'est certain. Pourvu qu'il me voie dans mon ravin », pense le blessé. Il le voit effectivement... mais poursuit son chemin. Déception, plus encore colère et indignation chez le blessé ; on le devine en train de maugréer une parole que Jésus lui-même dira un jour : « Ces gens-là disent mais ne font pas. » Arrive un deuxième passant, celui-là un lévite, lui aussi relié au service du temple. Pas plus de chance pour le blessé, le lévite le voit mais lui aussi passe outre. Comment ne pas être scandalisé de leur comportement ? Comment comprendre leur réaction ? Ce ne peut être par pure insensibilité, ou par peur de tomber dans un traquenard. Ils connaissent bien la loi : « Tu ne resteras pas indifférent devant le sang de ton frère. » Peut-être la connaissent-ils trop bien, ils sont désormais enfermés dans une cage de préceptes. La loi leur interdit en effet de se souiller en soignant un inconnu. Ils doivent éviter le contact avec le sang.

Le prêtre et le lévite semblent à la fois écartelés et paralysés par leurs principes religieux. Ils voient la victime allongée sur le bord de la route. Mais l'espace clos de leur religion les empêche d'être affectés, touchés jusqu'au cœur. Ils le voient de loin, leur esprit est ailleurs. Ils ne s'approchent pas. Ils le voient comme un objet et le cœur reste froid. Terrible, la religion qui ne dispense pas de voir, mais empêche le cœur de s'émouvoir. La religion froide, sans compassion. Tragiques, les comportements dictés par les principes religieux qui interdisent de porter assistance aux blessés de la vie. C'est le sabbat avant les personnes ! La religion qui prend le pas sur la vie des gens. Bien inspirée, la société civile a fait une loi du devoir d'assistance aux personnes en danger. Pour sa part, l'Église souffre encore trop souvent des malaises et des drames qui résultent de plusieurs problématiques et déclarations où les principes religieux rendent insensibles aux conditions souvent très pénibles dans lesquelles les gens se débattent pour vivre et survivre.

Voici que passe un troisième homme. Visiblement d'une autre origine, d'une autre condition. Un voyageur de profession, un homme habitué aux risques des grandes routes. Il voit le blessé et s'émeut. Pourquoi s'émeut-il? Parce qu'habitué à la route il s'est peut-être déjà retrouvé lui-même dans la situation précaire de celui qu'il vient d'apercevoir. Ce qu'on a soi-même vécu permet de mieux voir et d'être remué intérieurement. On ne voit pas le suicide de la même manière et on n'en parle pas de la même façon quand on a vécu le suicide d'un parent proche. On ne voit pas de la même manière les divorcés et on n'en parle pas de la même façon quand nos proches ou nos amis connaissent eux-mêmes l'échec en amour. On ne voit pas l'homosexualité de la même manière et on n'en parle pas de la même façon quand on est père ou mère d'un fils ou d'une fille homosexuelle. Il suffit de s'être retrouvé une fois abandonné, blessé, impuissant, pour se sentir plus rapidement solidaire de ceux et celles qui sont projetés sur le bord de la route.

Ce troisième homme est un Samaritain. Le détail vient ajouter une coche de plus à la critique de la religion que les deux premiers passants ont soulevée. Les Samaritains sont mal vus des Juifs, parce qu'ils viennent d'une région de transit et sont considérés comme marginaux sur le plan religieux. En faisant du voyageur un Samaritain qui s'empresse de secourir le blessé, on dirait que Jésus se plaît à souligner qu'il y a plus de foi et de compassion chez les gens en dehors des frontières religieuses juives. Il fera la même remarque dans le cas de Naaman, l'étranger guéri de sa lèpre en se plongeant dans le Jourdain: « Il se trouvait beaucoup de lépreux au temps du prophète Élisée. Pourtant, aucun d'eux ne fut guéri sauf le Syrien Naaman » (Lc 4,27). Il prend plaisir à converser avec la femme de Samarie qui a eu cinq maris et qui vit avec un sixième. Au sujet d'un centurion romain qui lui demande de guérir son serviteur à distance, il dira : « Croyez-en ma parole : dans tout Israël, je n'ai jamais vu un homme montrer une telle confiance » (Mt 8,10-11).

Pourquoi Jésus insiste-t-il sur ce constat qui a quelque chose de cinglant et de choquant pour les Juifs ? Veut-il les humilier, un peu comme les gens qui disent, de manière cari-caturale et méprisante : « Les croyants ne valent pas mieux que les autres », ou : « Les incroyants sont plus charitables » ? On imagine mal Jésus devenu désobligeant envers les croyants de son peuple et tombant dans ces clichés simplistes. S'il insiste, c'est pour montrer ceci : Dieu passe par les chemins de toute personne, quelle qu'elle soit, fautive, étrangère ou égarée. L'Esprit de Dieu en effet est sans frontières, il souffle à l'intérieur et à l'extérieur des limites d'Israël, à l'intérieur et à l'extérieur des Églises. « Je vous le dis : dans le règne des cieux, ils seront nombreux, du levant au couchant, à prendre place à la table d'Abraham, d'Isaac et de Jacob. Mais les fils du règne seront renvoyés à la nuit noire » (Mt 8,10-12).

Que fait le voyageur samaritain ? Rien de bien extraordi-naire à ses yeux de passant compatissant. Il verse de l'huile et du vin sur les blessures. Il fait au blessé une place sur sa mon-ture. Il le conduit à une auberge et s'assure qu'on pourra lui donner de bons soins. Pas question de calculer, il est généreux : quand il repassera, c'est lui qui acquittera toute la facture. Et il poursuit son chemin.

Sur la route de Jéricho

L'Église en automne est à son meilleur quand elle marche sur la route de Jéricho. Pourquoi? Parce que c'est la route qui fait passer de la parole aux actes. L'Église de la parole devient l'Église des gestes. Aujourd'hui, la parole est si abondante partout qu'elle est souvent dévaluée. Les gens en ont assez du «parolisme»: à l'école, dans les médias, dans les mouvements politiques, dans les églises. Si une image vaut mille mots, un geste vaut mille paroles et mille images. Tous les âges sont sensibles au langage des gestes, au langage des mains, souvent tellement plus parlants et plus efficaces que celui des lèvres. Les mains qui relèvent, qui soignent, qui guident les enfants vers demain, qui travaillent, qui construisent, qui lavent, qui essuient les pleurs, qui donnent à manger, qui mettent de la couleur et de la beauté dans le monde, qui partagent, qui tiennent silencieusement la main d'un malade en phase terminale. «Les mains se parlent mieux pour se dire au revoir», chante Yves Duteil. Jésus a beaucoup parlé le langage des mains: il touchait, il relevait, il partageait...

Le plus grand nom de la théologie morale du dernier siècle, Bernard Häring, confiait que son meilleur séminaire, il l'avait fait comme aide paramédical dans les armées allemandes durant la guerre, au milieu du feu et des blessés sur le sol, puis comme prisonnier de guerre en Pologne. Alors, il apprit à être un avec ses compagnons de guerre et d'infortune, il devint *one of them,* aime-t-il souligner, comme le Fils de l'homme qui voulut devenir, par son incarnation, l'un de nous. À la fin de sa vie, handicapé lui-même par un cancer qui lui rongeait le larynx, ce courageux théologien déclarait: «Si nous nous permettons de reconnaître nos propres blessures, et notre condition de retardés et de handicapés sous tant d'aspects, nos faiblesses et nos fragilités elles-mêmes peuvent devenir des bénédictions déguisées. Nous pouvons devenir signes et symboles du serviteur défiguré annoncé par le prophète Isaïe. ‹ Voici mon serviteur, il a mon soutien, mon élu enchante ma vie › (Is 42,1) [1]. »

La route de Jéricho nous apprend à ne pas nous éloigner de notre chemin de vie. Le Samaritain n'a pas dévié de sa route : il rencontre le blessé sur son chemin et, après l'avoir relevé, il poursuit vers sa destination. Il arrive qu'on dise : « Les pauvres, où sont-ils ? On ne les voit pas... Quand je regarde dans mon quartier, dans ma ville, je ne vois que de coquettes maisons et une ou deux voitures près du garage. » Pour trouver les pauvres, il faudrait aller sur d'autres routes. Il faudrait les chercher... ailleurs. Mais l'ailleurs entre chez nous chaque jour par les médias. Par exemple, comment rester loin des tragédies qui frappent à répétition Haïti, le pays le plus pauvre de notre hémisphère, le pays tant aimé de ses ressortissants et si proche de nous par la langue et les destinations de vacances dans le Sud ? Comment ne pas voir et ne pas s'émouvoir devant les victimes de l'insurrection – c'est le mot poli des médias occidentaux, mieux vaudrait parler de la guerre civile – en Irak, les corps décharnés des victimes de la faim et de la rébellion au Darfour, le désarroi des pauvres et des itinérants de nos villes ? Comment demeurer indifférent à la tragédie récurrente et indicible causée par les tremblements de terre et autres catastrophes naturelles ? Tous les jours, toutes les semaines, pas seulement au temps des campagnes de Noël, nous sommes sans cesse sollicités, il y a toujours des mains tendues par une immense foule des blessés de la route.

---

1. Bernard Häring, *Priesthood Imperiled*, Triumph Books, Liguori, 1996, p. 137 et 8-10.

Nous pouvons parfois nous sentir dépassés par tout cela, fatigués de ce cri continu de la souffrance, désabusés de ces reportages sur la mort et la douleur. Nous pouvons tourner le bouton et zapper toutes ces images qui nous troublent et nous enlèvent le sommeil. Mais même lorsque nous zappons cette seule véritable télévision-réalité, nous nous retrouvons sans cesse rejoints par les blessés de tant d'autres routes incontournables qui passent chez nous ou tout près, sans cesse aux prises avec les blessés des routes humaines quotidiennes : la route de la maladie, la route de l'emploi à trouver, la route de la solitude à combler, la route de la vieillesse à accompagner, la route des jeunes décrocheurs à remotiver. Non, nous n'avons pas à dévier de notre route : les blessés sont là, si seulement nous voulons les voir et nous laisser émouvoir.

La route de Jéricho nous révèle le vrai visage de notre humanité. Inutile de répéter les statistiques bouleversantes : 870 millions d'affamés, un enfant qui meurt toutes les vingt secondes, 100 millions d'enfants qui n'ont pas accès à une école, 54 pays aujourd'hui plus pauvres qu'il y a quinze ans, 250 000 victimes des tsunamis dans le Sud-Est asiatique... Nous sommes devenus insensibles à ces chiffres trop gros pour notre entendement. On nous les répète, mais nous ne les entendons plus. Mais le visage global de notre planète, lui, on ne peut l'oublier. On sait que le grand nombre se trouve du côté des affamés et des exclus de toutes sortes. De l'autre côté, il y a le club fermé et restreint des plus riches. En d'autres mots, le gros de l'humanité vient de l'Asie, de l'Afrique et de l'Amérique latine, et se présente sous le visage de Lazare à la porte du riche Occident. Michel Serres a raison de dire : « *Ecce homo*, voici l'homme aujourd'hui. » « Le perdant, le faible, l'indigent sans ressource, le misérable sans-abri, les voici en si grand nombre, à ce jour, sur la surface de la

planète, qu'ils donnent désormais, *objectivement*, numérique-
ment, statistiquement, à la limite ontologiquement, la meil-
leure définition de l'humanité, oui, de l'homme, si difficile,
dit-on, à définir, dans la philosophie abstraite et spéculative,
et cependant si facile à découvrir autour de soi... Et si allaient
de pair sagesse et fragilité? Enfant, vieillard, adolescent,
voyageur, migrant, malade, agonisant, pauvre et misérable,
affamé, fou de douleur... condamné à une mort précoce : *ecce
homo*, voici l'homme; cela fait plusieurs milliards, sur la
planète, à nos comptes de ce jour [2]. »

Ce portrait d'infinie détresse est accablant. Mais il conduit
à un autre constat que Michel Serres laisse entrevoir : si
sagesse allait de pair avec fragilité? Si les tiers, les faibles
devenaient le moteur de l'histoire? Ce qu'on appelle le tiers-
monde, ces pays et continents qui paraissent voués à la
pauvreté endémique pourraient devenir les agents du renouvellement du monde. «Courage, encore! Oui, toute l'évolution hominienne passe par cette faiblesse, qui fait le temps et
l'histoire. Même le temps de Darwin, qui paraît à beaucoup
celui des vainqueurs et leur donne le droit quasi naturel de
piétiner les vaincus, mute par erreurs. Nous avançons par
problèmes et non par victoires, ratages et rattrapages plutôt
que dépassements [3]. » La cohorte des pauvres tient peut-être
entre ses mains le destin de tous les Terriens que nous
sommes.

La route de Jéricho, c'est aussi la route de l'action souvent
minuscule, risquée, ambiguë. Car toute intervention devient
vite sujette à critique. Rien de durable ne s'accomplit sans
controverse, sans persévérance et ténacité. La critique la plus

2. Michel Serres, *Éclaircissements*, Champs-Flammarion, 1994, p. 269-270.
3. *Ibid.*, p. 272.

fréquente est celle qui consiste à dire : « Vous réduisez l'Évangile à une entreprise de secours, à une action purement sociale. Vous faites dans l'humanitaire comme tant d'autres personnes et organismes, mais vous passez sous silence l'annonce évangélique. » Il est vrai que les besoins humains sont si criants que nous pouvons devenir totalement phagocytés par eux. Mais même dans ce cas, même si la foi n'est pas annoncée ouvertement en paroles, elle l'est dans les œuvres. Et cela, à la longue, n'échappe à la perception de personne.

La compassion se moque du jugement des hommes et même du jugement final. C'est le message sans équivoque de l'apôtre Jacques sur la compassion effective, sur la pitié. « Une loi de liberté vous jugera : parlez et agissez en conséquence. Car le jugement est sans pitié pour qui n'a pas eu pitié. La pitié, elle, se moque du jugement. Frères, à quoi bon dire avoir la foi si l'on ne fait rien ? La foi peut-elle alors sauver ? Supposons qu'à un frère ou à une sœur sans vêtements et sans rien à manger l'un de vous dise : ‹ Va en paix, réchauffe-toi, mange à ta faim › sans lui donner ce dont le corps a besoin, à quoi bon ? La foi, c'est pareil : sans actes, elle meurt d'elle-même. Mais dira-t-on : ‹ Tu as la foi, j'ai les actes. Montre-moi donc ta foi sans actes ? Moi, c'est par mes actes que je te montrerai ma foi. Tu crois que Dieu est un ? C'est bien. Les démons aussi le croient et pourtant ils tremblent. › Vas-tu comprendre, homme vide, que la foi sans actes ne produit rien ? C'est à ce qu'il fait qu'un homme est reconnu juste, pas seulement par la foi » (Jc 2,12-24).

Ajoutons l'insistance de l'apôtre Paul à joindre la pratique de la collecte pour les pauvres à la confession de la foi au Christ. Quand l'Église se fonde à Antioche, là où pour la première fois on a désigné les disciples comme « chrétiens », un geste d'entraide fut spontanément accompli pour répondre à une grande famine « qui allait s'abattre sur toute la surface de la terre » et qui s'est produite « sous le règne de Claude ». Les disciples décidèrent alors de faire parvenir des secours, selon les ressources de chacun, à l'intention de leurs frères de Judée. « Ce qu'ils ont fait en les adressant aux anciens ; Saul et Barnabé étaient leurs intermédiaires » (Ac 11,28-30). L'apôtre Paul suivra de très près le déroulement de cette collecte qui, pour lui, fait partie essentielle de la foi des chrétiens. À ses yeux, elle signifie concrètement le souci de l'égalité entre les frères : « En ce moment, ce que vous avez en trop revient à ceux qui sont en manque, pour que ce qu'ils ont en trop vous revienne quand vous serez en manque, et que l'égalité soit ainsi faite » (2 Co 8,14). Et il ajoute : que cette œuvre généreuse serve à « manifester l'éclat du Seigneur lui-même » (2 Co 8,19). À ses yeux, le partage est aussi un éclat, une annonce de la foi.

On sait que ce sens du partage avec les moins fortunés est inscrit depuis longtemps dans la Bible. Qu'il suffise de rappeler ce très beau commandement de la saison d'automne qu'on lit et relit au livre du Deutéronome : « Si tu oublies une gerbe lorsque tu moissonneras ton champ, ne reviens pas la prendre : elle profitera à l'étranger, l'orphelin et la veuve, afin que Yaweh ton Dieu te bénisse dans tout ce que tu entreprends. De même, après avoir gaulé ton olivier, ne reviens pas ramasser derrière toi ; ce sera pour l'étranger, l'orphelin et la veuve. De même encore, vendanges faites, ne reviens plus y grappiller : ce sera pour l'étranger, l'orphelin et la veuve » (Dt 24,19-22).

Pourquoi ce commandement du partage de la moisson, des olives et des raisins ? La réponse est clairement marquée : pour que « tu te souviennes que tu as été esclave en terre d'Égypte », c'est-à-dire pour que chacun se souvienne du temps où il vivait dans l'esclavage et la misère.

En terminant ces réflexions sur la route de Jéricho, reconnaissons que nous n'avons pas été tendres à l'endroit des deux représentants de l'institution religieuse du temps, le prêtre et le lévite. Est-il possible de se montrer plus généreux et plus compréhensif envers eux ? Pris entre le devoir de porter secours et les interdits de leur institution, peut-être ont-ils été profondément déchirés. Pas au point de se porter au-devant du blessé, mais intérieurement très partagés, peut-être même plutôt honteux de leur conduite. Être déchiré, c'est déjà un signe de vie, un premier frémissement, un premier pas.

Aujourd'hui encore, la route de Jéricho, c'est souvent, pour les gens qui sont rattachés à une institution, une route déchirante. Il arrive fréquemment que les gens des institutions soient écartelés entre ce qu'ils souhaiteraient faire et les consignes de l'organisation, de l'entreprise, du parti, de l'Église auxquels ils appartiennent. Pris entre le service des gens et les préceptes de l'institution. Pris entre le meilleur de leurs intuitions et les rigidités du système. Prisonniers des consignes et des règles, et conscients de leurs raideurs étouffantes. Écartelés entre l'obéissance et la compassion. Maurice Bellet appelle ce tiraillement la « déchirure ». Il écrit : « Et la déchirure, qu'est-ce donc ? Elle est ce qui, dans la situation d'un être humain, rend le chemin inextricable. Il veut vivre bien : mais comment ? Il est tiré de côtés opposés, il est devant le choix impossible... Homme ou femme d'appareil (industrie, politique, Église), ayant ses tâches ou cette place, et conscient que le système est moribond et mortifère, l'esprit est pour la révolution, l'action de tous les jours est pour prolonger le système existant. Homme de foi, et tout le langage reçu de la foi le quitte et tombe en miettes. Homme d'engagement, et tout ce qu'il a tellement voulu, dans l'amitié et le dévouement, paraît maintenant dépassé, désuet.... La déchirure bien sûr est au-dedans. La situation n'a cette force de destruction que parce qu'elle est déception ou dure révélation du faux et de l'impossible. C'est ainsi que la déchirure peut se faire entre ce que veut de moi l'Évangile – au moins tel que je l'entends à travers ce qu'on m'en dit – et ce qui est ma vérité – selon les lumières que j'en ai et ne peux récuser[4]. »

Comment réagir à la déchirure? Bellet répond: «Il n'y a pas de remède tout fait à la déchirure. Il faut comme un degré second de la foi pour passer là-dedans, choisir l'impossible, supporter l'inextricable, réitérer, autrement, les choix ravagés par la déception.» On peut au moins se dire qu'éprouver la déchirure signifie, paradoxalement, qu'on est encore en vie et sur la voie de la vie. On peut au moins se dire, à travers les choix ravagés par la déception, que l'on ne renonce pas, que l'on ne perd pas foi, qu'un chemin reste toujours possible, par-delà la défiance, l'abandon ou la haine rentrée.

Rappelons ici l'expérience de mère Teresa. Elle eut une vision du Christ lui parlant par la bouche des plus pauvres des pauvres et elle se sentait appelée à les servir. L'archevêque de Calcutta lui refusa sa demande de s'engager dans ce nouveau ministère et lui demanda d'attendre un an, et puis une autre année. Mère Teresa obéit, elle pria, espéra et continua de faire sa demande à l'archevêque jusqu'au jour où son inspiration fut validée et approuvée. Sans cette persévérance et cette ténacité, qu'en serait-il aujourd'hui du nom et de l'œuvre admirable de mère Teresa, prise elle aussi un jour entre l'ordre et l'inspiration?

---

4. Maurice Bellet, *op. cit.*, p. 68-69.

«La route de l'Évangile, c'est l'homme», disait Jean-Paul II au début de son pontificat. Dans sa précieuse instruction soulignant le début du nouveau millénaire, il écrit : «Au début de ce nouveau siècle, notre marche doit être plus alerte en parcourant à nouveau les routes du monde... C'est l'heure d'une nouvelle ‹ imagination de la charité ›, qui se déploierait non seulement à travers les secours prodigués avec efficacité, mais aussi dans la capacité de se faire proche, d'être solidaire de ceux qui souffrent[5]... »

On sait que l'image du bon Samaritain a été appliquée à Jésus. C'est lui qui s'est porté au-devant de l'humanité blessée, qui s'est fait proche. Mais il faut dire plus : Jésus a aussi été le blessé de la route, roué de coups et mis à mort. C'est parce qu'il a pris la place du blessé qu'il a relevé le monde. Le tiers blessé est devenu le moteur de l'histoire. « C'est par ses blessures que nous sommes guéris[6]. »

---

5. Jean-Paul II, lettre apostolique *Novo millennio ineunte*, 2001.

6. Antienne, *Liturgie des heures*, volume 2, Cerf-Desclée-Mame, p. 280.

Chemins de communion

*Le Dieu intérieur, le Dieu sensible
au cœur, est le seul vrai Dieu.*

Blaise Pascal

À L'AUTOMNE, on aime faire des promenades dans les parcs
ou dans les sentiers en forêt. Pour voir les couleurs.
Pour humer la terre mouillée. On marche sur l'épais tapis de
feuilles en faisant du chasse-feuilles comme on fait du chasse-
neige à ski. Cela les dérange. Elles répondent par un petit
bruit sec de papier que l'on froisse. Elles sont toutes légères,
libres de toute attache, comme heureuses de se reposer après
la saison d'été. Toutes prêtes aussi à couvrir et à protéger les
racines et les mousses durant l'hiver. Toutes prêtes à entrer
dans cette alchimie où elles disparaîtront pour enrichir le sol
et participer au renouveau des prochains printemps.
«Chaque année, confie un artiste, je me réserve une semaine
à l'automne pour aller en forêt. Pour arrêter la cadence. Pour
retrouver les rythmes de la nature. Pour me retrouver. Pour
revivre. En ville, on se hâte de ramasser les feuilles pour les
mettre aux déchets. La forêt, elle, possède les secrets des
cycles de vie. Elle recycle tout. Elle nous apprend le silence, le
déclin et les rebondissements. »

L'Église apparaît aujourd'hui comme une immense forêt entrée dans l'automne. L'expérience surprend, elle attriste, elle fait peur. Pour se rassurer, on s'empresse de dire : ce sera une saison de purification, un temps pour retrouver les rythmes profonds de la foi. Pour renaître. Pour se renouveler. Mais reconnaissons que c'est une saison qui a fondu sur l'Église rapidement, sans préavis. Comme une surprise, comme un grand vent non désiré, indésirable. Personne ne sait à quel dépouillement l'Église sera conduite. En ce pays, depuis quatre siècles, depuis la fondation de la Nouvelle-France, c'est la première fois qu'elle vit une saison pareille. Elle était habituée à la croissance, à la gloire des églises remplies, aux constructions nouvelles. Il y a à peine quarante ans, il y eut l'immense espoir suscité par le concile Vatican II. Toute l'Église s'est mise à la tâche des renouveaux : catéchétique, liturgique, biblique, communautaire. Ces renouveaux ont été vécus dans l'enthousiasme et dans l'espérance qu'ils produiraient des fruits excellents. Ils ont dépassé les promesses des premières fleurs et, quoi qu'on dise, quelle que soit l'évaluation que l'on en fait, ils ont porté du fruit. Mais on dirait que les forces de renouveau sont aujourd'hui épuisées. On dirait qu'elles ont été incapables de porter leurs fruits à maturité. On cherche désormais dans d'autres voies et comme à tâtons les avenues et les signes de renouveau possible.

L'Église, qui voit partir ses fidèles et s'élargir le désert autour d'elle, pourrait aujourd'hui prier avec les mots d'Habacuc, dialogue tendu entre le prophète et son Dieu au sujet de l'oppression que vit le peuple. « J'ai entendu et je suis bouleversé jusqu'au fond de mes entrailles, à ta voix mes lèvres tremblent, la pourriture gagne mes os, je reste immobile dans l'attente du jour de la détresse, alors je ferai face à l'adversaire. Car le figuier ne fleurira pas, les vignes ne seront pas fertiles, la culture de l'olivier décevra la promesse et les champs ne donneront pas de récoltes. Les brebis manqueront dans les enclos et il n'y aura plus de bétail dans les étables» (Ha 3,16-17). Ces images de désolation ne sont pas les derniers mots de la prière du prophète. Il termine sur un ton tout autre en disant: «En Yaweh j'exulterai, je trouverai la joie dans le Dieu qui me sauve. Yaweh mon Seigneur est ma force. Il me conduit sur les hauteurs» (Ha 3,18-19). Comment peut-il passer ainsi subitement de la déception à l'assurance? Comment l'Église peut-elle passer des chemins de dépression aux chemins qui mènent sur les hauteurs? Comment trouver les voies du rebondissement au cœur de cette période de déperdition et de désarroi? Reprenons le récit du chemin d'Emmaüs, le chemin d'un retournement imprévu et irréversible.

Le récit des disciples d'Emmaüs (Lc 24,13-34)

C'est un des récits les mieux connus de l'Évangile. Un texte construit pour nous dire comment on peut rebondir quand on nage dans le désenchantement et la désillusion, quand on a l'impression que tout est fini. On est habitué à lire ce texte en s'attachant surtout à ce que fait Jésus: il s'approche des deux disciples, il leur explique les Écritures, il partage le pain avec eux. Refaisons plutôt la route en compagnie des deux hommes déçus, suivons leurs sentiments, leurs propos, leurs réactions, leurs gestes. Comment sont-ils arrivés à sortir de leur déprime profonde? Quelles sont les étapes de leur rebondissement?

«Il se trouve que deux d'entre eux, ce jour-là, se dirigeaient vers Emmaüs, un village distant de Jérusalem de soixante stades.» La route d'Emmaüs, c'est la route que l'on prend quand on rentre chez soi après un dur coup de la vie.

C'est la route qui ne va nulle part. Quand on ne sait plus, quand tout s'est effondré. Les disciples se trouvent avec les apôtres dans ce refuge où tous demeurent terrés et immobiles à Jérusalem. Ces deux-là ont le mérite de se lever, de prendre la route, de vouloir retourner chez eux. À qui marche, tout peut devenir chemin.

En cours de route, « ils parlent entre eux des récents événements ». Ils se disent et se redisent ce qui s'est passé, ce qui est arrivé à Jésus. Ils se posent toutes les questions que l'on pose après un drame. Pourquoi cela s'est-il produit ? Qu'aurait dû faire Jésus pour s'en tirer ? N'aurions-nous pas pu lui éviter cette catastrophe ? Qui est le coupable ? Nos chefs politiques ? Nos chefs religieux ? Qui sont les vrais responsables ? Pourquoi en sont-ils arrivés à la condamnation ? Les deux disciples ont le pas lourd, la douleur les accable. Mais au moins ils parlent. Ils disent leur histoire. Ils déversent le trop-plein de leur cœur. Ils partagent leur douleur. Un malheur est moins lourd quand on a quelqu'un avec qui le partager. Il faut oser dire ses espoirs déçus.

« Pendant qu'ils parlent et discutent, Jésus en personne s'approche pour marcher avec eux. » Comment les disciples ont-ils pu accepter l'arrivée de ce troisième homme ? Ce qu'ils vivaient, ce qu'ils portaient était trop intense, trop intime pour admettre un étranger avec eux. Quand nous sommes dans la peine, nous ne sommes guère portés à élargir le cercle. Nous voulons rester entre nous. Ils ont dû hésiter un instant : « Non, il sera de trop. Il ne comprendra rien à notre peine. » Contre toute attente, ils acceptent que l'étranger se joigne à eux. Après tout, mieux vaut peut-être se changer les idées, parler d'autre chose... Ils ne connaissent pas cet homme. « Leurs yeux sont aveuglés ; ils ne le reconnaissent pas. » Une grande douleur aveugle. Quand le cœur bat la chamade, quand la mémoire est en feu, quand les yeux pleurent, impossible de voir. Mais ils ont accepté qu'un tiers vienne rompre le cercle de leur peine. Le salut vient souvent d'un tiers. Le tiers médiateur, le tiers révélateur, le tiers qui remet en marche une négociation bloquée, un cœur bloqué, une vie bloquée. Le tiers qui peut dénouer les impasses. Le tiers, c'est lui qui aide souvent à trouver l'inconnue d'une équation en apparence insoluble.

L'étranger leur pose une première question : « ‹ De quoi parliez-vous, en marchant? › Ils s'arrêtent. Ils sont tristes. Celui qui se nomme Cléophas lui répond : ‹ Tu es donc le seul à Jérusalem qui ignore ce qui s'y est passé ces derniers jours? › » Bien sûr, l'étranger n'ignore pas les événements. Mais il ne prend pas la parole en premier. Il veut que les deux racontent d'abord. C'est en racontant que leur cœur va se dénouer. Il veut les entendre dire leur peine. « Quoi donc? » leur dit-il, les invitant à raconter encore une fois le récit des événements. Il n'y a pas de déblocage possible tant que l'on n'a pas trouvé sens aux événements qui nous ont broyé le cœur. C'est là où ça fait mal que la guérison peut venir. Quand la guérison sera venue, le récit changera. Mais avant toute guérison, c'est toujours le même récit de la douleur et de la déception, redit et répété sans cesse.

« Ils lui disent : ‹ Cela concerne Jésus de Nazareth. Il était un prophète, agissant avec force par des actes et des paroles face à Dieu et face au peuple. Les grands prêtres et nos chefs l'ont livré pour le faire condamner à mort et ils l'ont crucifié. Nous, nous espérions que grâce à lui le rachat d'Israël était imminent. Depuis, trois jours se sont écoulés. › » En d'autres mots, ils font part à l'étranger des deux immenses déceptions qui les frappent. Il y a la double déception des chefs : le prophète a été condamné par les grands prêtres et condamné aussi par le pouvoir politique. Honte et scandale des deux côtés. La condamnation a été unanime, irréversible. En temps de crise, les pouvoirs se rapprochent. Les deux pouvoirs se sont ligués pour faire disparaître le prophète, soi-disant pour sauver la religion et pour sauver le peuple. À cause des magouilles et des faux-fuyants des chefs religieux et civils, il y a surtout la déception d'un immense espoir évanoui. C'est la fin d'une grande espérance: ils avaient cru que ce serait lui, le libérateur d'Israël. Le rêve est fini. La fête n'aura pas lieu. C'eût été trop beau! Il faut revenir à la réalité, la dure réalité, désormais sans horizon.

Ils évoquent ensuite les rumeurs qui ont cours. Car tous les drames s'accompagnent de rumeurs qui attisent l'espoir ou enfoncent davantage dans le désespoir. « Certaines femmes qui sont des nôtres ont jeté le trouble parmi nous: tôt le matin, elles sont allées au tombeau, elles n'ont pas trouvé son corps et sont revenues en disant qu'elles avaient eu la vision de messagers disant qu'il est vivant. Certains d'entre nous sont allés au tombeau et l'ont trouvé comme les femmes l'avaient décrit, mais lui, ils ne l'ont pas vu. » Ces deux-là n'ont pas voulu croire aux rumeurs. Ils ont décidé de rentrer chez eux. Il faut bien que la vie continue, sans illusion, même après les pires drames.

L'étranger alors les provoque et leur dit: « Comme votre cœur peine et tarde à croire tout ce qui fut dit par les prophètes! N'était-ce pas nécessaire que le Christ endure cela et entre dans sa gloire? » La question est posée. Elle renverse tout. Elle conteste toute l'interprétation des événements que les deux hommes viennent de faire. Jésus les invite à inverser entièrement leur façon de penser et de parler. À retourner totalement l'interprétation qu'ils font des Écritures. Comment cela?

«Alors, il explique ce qui le concerne dans l'ensemble des Écritures, depuis Moïse et tous les prophètes. » Aux oreilles de trop de croyants d'aujourd'hui, la réponse à la question : « N'était-ce pas nécessaire que le Christ endure cela et entre dans sa gloire ? » paraît évidente. La tradition a formulé depuis longtemps la réponse. Mais nous passons trop vite sur la terrible contradiction entre la vie de Jésus et la mort qui l'a frappé. Il était le prophète de l'amour, de la paix. Bien sûr, avant lui, les prophètes avaient été contestés, harcelés, mal-traités, condamnés, mis à mort. Mais lui, c'était différent. Il était le prophète de la vie. Lui ne devait pas connaître pareille contradiction. Lui, le Fils de l'homme, le Fils de Dieu, ne pouvait pas subir pareil sort. Une telle fin était impensable. C'est ainsi que réfléchissaient les deux disciples d'Emmaüs. N'avaient-ils pas raison de penser ainsi ? Ils avaient leur idée au sujet du Messie, comme la plupart de leurs compatriotes juifs. Ce qui venait d'arriver était inimaginable ! Toute autre explication était impossible.

Or, Jésus s'applique à leur faire comprendre qu'une autre version n'était pas impensable. Mais non, il n'était pas dif-férent des autres prophètes. Mais non, il n'était pas assuré de sortir indemne du complot tramé contre lui. Mais non, les Écritures n'ont jamais laissé entendre que le Messie serait for-cément victorieux. Les deux disciples se voient alors contestés dans leur compréhension des Écritures. Ils sont bousculés dans toutes les idées qu'ils se faisaient du Messie. Ce qui leur paraissait une contradiction invraisemblable commence alors à devenir une version plausible. Des paroles de l'étranger commence à se dégager un sens pour eux. « Et si nous avions tout faux ? » se disent-ils en eux-mêmes. Si la version de l'étranger était la vraie ? Leur cœur, peu à peu, se dénoue. Ils se diront plus tard : « Notre cœur n'a-t-il pas brûlé lorsqu'il

nous parlait sur la route et qu'il nous dévoilait les Écritures ? »
On ne comprend jamais rien aux Écritures si on ne se laisse
pas contredire par elles. Si nous n'acceptons pas qu'elles puissent nous tirer au-delà de nos interprétations accoutumées,
de nos explications répétées de génération en génération, de
notre prétention à les avoir déjà toutes déchiffrées. L'Écriture
fait sans cesse du neuf à travers l'épaisseur de nos vies.

Voici qu'ils arrivent près du village où ils se rendent. Lui
feint d'aller plus loin. Ils l'invitent avec insistance : « ‹ Reste
avec nous, c'est le soir, le jour tombe déjà. › Jésus entra pour
rester avec eux. » Notons que le récit de Luc ne nous parle pas
d'auberge où les trois se seraient retrouvés pour le repas. Le
texte donne plutôt à penser qu'ils l'ont invité chez eux. La
rencontre s'est produite dans leur maison. C'est encore mieux
qu'à l'auberge, c'est plus familier, plus convivial. Comme ces
eucharisties parfois célébrées autour de la table de famille,
tellement plus parlantes, tellement plus proches.

« Il arrive alors ceci : attablé en leur compagnie, il prend
du pain, il prononce des paroles de bénédiction, il partage le
pain et leur donne. Leurs yeux s'ouvrent ; ils le reconnaissent,
mais il leur devient invisible. » Sur la route, c'était les paroles
qui rallumaient l'espoir. Ici, ce sont les gestes. Les mêmes
gestes que lors du dernier repas de la Cène : le pain et le vin
qu'il élève au-dessus de leur vie et de leur cœur troublé. Avec
des mots de louange, le pain partagé, le vin bu ensemble. Ils
ne peuvent que constater : ce sont ses gestes, ce sont ses
mains, ce sont ses mots, c'est lui. Les signes deviennent clairs.
Leurs yeux le reconnaissent. Mais sitôt, il disparaît. Les voilà
face à la présence certaine et à l'absence tout aussi avérée.
Quelle situation inédite, inouïe ! La foi sera toujours
émerveillement de la présence et consentement à l'absence.
Le Dieu qui est là et le Dieu qui s'absente, pour laisser libre

cours à la vie. Ce soir-là, dans cette maison d'Emmaüs, c'est l'émerveillement de la présence qui domine.

Que font alors les deux disciples? Ils se lèvent aussitôt et retournent à Jérusalem. Aller et retour, le soir même. On les imagine refaisant la même route, mais porteurs désormais d'un autre récit. Porteurs d'une nouvelle incroyable. Ils courent. Ils dansent dans la nuit. Les vrais changements interviennent d'abord dans la manière de raconter les événements, bien plus que dans le retournement effectif des situations. Les deux brûlent de raconter ce qui vient de survenir. Ils veulent l'annoncer immédiatement aux amis de Jérusalem. Quand on sort d'un drame, quand une bonne nouvelle surgit, le premier réflexe est de vouloir le dire aux siens, avec des larmes de joie.

Ils trouvent les Onze réunis ainsi que leurs proches. Ils ne sont pas les seuls à crier la nouvelle. Les Onze aussi ont fait la même découverte. «Ils proclament que vraiment le Seigneur est réveillé et qu'il a été vu par Simon.» Voici la première communauté rassemblée pour se dire des récits de résurrection. Toutes les communautés chrétiennes par la suite dans l'histoire répercuteront la même nouvelle. Elles n'ont de sens que si elles vibrent aujourd'hui encore de ce même frémissement, de cet incroyable revirement.

Sur la route d'Emmaüs

La route d'Emmaüs, c'est donc la route des espoirs déçus et des rêves brisés. Mais c'est aussi la route des contradictions surmontées et des rebondissements possibles. C'est une route sur laquelle l'Église se trouve elle-même engagée: il lui faut passer du climat de désenchantement actuel au réenchantement du monde et de l'Évangile. Dans quelle direction doit-elle avancer? À quelles conditions le revirement deviendra-t-il possible? Ce que la route d'Emmaüs donne à penser pourrait guider les pas à faire. Le texte à tout le moins, expliquent les exégètes, est construit de manière quasi didactique: il veut montrer comment on peut venir à la foi après la déroute.

Disons d'emblée que la route d'Emmaüs n'est pas une route facile. Prendre la route d'Emmaüs, c'est pour l'Église consentir à l'effacement. En ce moment où tout semble décliner, où les ressources s'épuisent, où les nombres diminuent – quoi que l'on dise officiellement, pour ne pas décourager les troupes –, alors que les énergies s'affaiblissent et que la relève ne pointe guère, il est demandé à l'Église de consentir à l'effacement. Comme les disciples d'Emmaüs furent obligés de voir s'effacer l'image du messie dont ils avaient rêvé. C'est-à-dire rompre avec tout ce qu'ils avaient vécu de plus important dans leur passé et pour leur futur. Renoncer non pas pour un temps, comme on laisse passer un mauvais moment, mais sentir en pleurant que c'est le tout pour le tout qui est mis en cause. Jean-Marie Roger Tillard osait poser la question: sommes-nous les derniers des chrétiens[1]? Il répondait par la négative: «La fidélité de Dieu envers l'humanité, si radicale et si englobante, doit durer jusqu'à la fin de l'histoire. Dieu ne veut pas que l'humanité soit sans espérance, et l'humanité ne veut pas être sans espérance. Ma conviction se situe à la croisée de ces deux certitudes.» Dieu ne va pas laisser s'effacer la mémoire de Jésus sur la terre. Mais rien, ajoute Tillard, n'est assuré de la continuité de la foi dans tel ou tel coin du monde. Il cite les communautés vibrantes d'Afrique du Nord au temps d'Augustin, les communautés du temps des évêques Cyrille et Basile en

1. Jean-Marie R. Tillard, *Sommes-nous les derniers des chrétiens?* Fides, 1997.

Asie Mineure qui ont toutes disparu. Les anciennes églises sont devenues des bergeries ou des bureaux de poste.

Il semble que l'Esprit de Dieu nous a conduits aujourd'hui à cet instant de la route d'Emmaüs où il faut consentir à l'effacement. En fait, nous marchons sur cette voie depuis des décennies. Et nous cherchons en vain comment éviter le pire, comment trouver des substituts et des remplaçants, priant dans des églises qui se vident pour des vocations qui ne viennent pas, et cherchant comment réaménager les choses et faire des plans pour l'avenir.

Pourtant, comment ne pas prendre acte du fait que certains styles de vie chrétienne et certaines formes de regroupement et d'exercice des ministères sont en voie d'extinction ou tout simplement déjà morts? La seule question qui reste est de savoir comment consentir à cet effacement que nous n'attendions pas, qui nous paraît si contraire à notre espérance, qu'on n'aurait jamais cru aussi radical. Emmaüs, c'est la route des rêves écroulés! C'est la route qui, dans sa première moitié, est une route d'effondrement et de disparition. On souhaiterait que l'Église échappe à cette première étape. Tout indique qu'elle ne pourra l'éviter.

Nous le savons, cette menace de disparition s'est présentée à plusieurs reprises dans l'histoire biblique. À commencer par Abraham et Sara qui, à la montagne de Moriah, ont dû consentir à perdre leur fils unique pourtant si longtemps désiré, contre toute espérance, contre la promesse formelle d'une postérité aussi nombreuse que les étoiles dans le ciel. Menaces de disparition également au temps de l'esclavage en Égypte, au temps de l'exil à Babylone, au temps de la *shoah* sous le règne de Judas Maccabée, au jour de la mort de Jésus, au temps de la destruction du temple, au temps du passage du judaïsme aux premières communautés chrétiennes ouvertes au monde gréco-romain. Par comparaison, l'effacement que nous sommes en train de vivre et la transition qu'il implique se révèlent au fond moins draconiens.

C'est la loi de mort-résurrection qui frappe aussi l'Église. Cette loi s'est appliquée à Jésus lui-même. Elle est rappelée au décès de chaque personne, à chaque deuil. Elle s'applique aux communautés religieuses. Comment l'Église elle-même pourrait-elle y échapper? Visitant un couvent de religieuses dominicaines menacé de fermeture et entendant la plainte de la supérieure: «Il ne faut pas que ce couvent meure. Dieu ne le permettra pas», le père Timothée Radcliffe, alors maître général des Dominicains, répliquait: «Mais il n'a pas épargné son propre Fils!»

Certes, le clergé diminue, les communautés religieuses sont en voie d'effacement, mais l'Esprit fait surgir partout des germes de paix, de solidarité, de spiritualité, de générosité, de beauté, de service, dans l'Église et en dehors d'elle. Esprit imprévisible qui ne connaît pas de frontières. C'est ainsi que des croyants et croyantes surgissent de partout, souvent des lieux apparemment les plus arides de nos sociétés. «Lève les yeux, regarde autour de toi: ils se rassemblent, ils arrivent; tes fils reviennent de loin...» (Is 60,4). Mais ces pointes de renouveau n'arrivent pas encore à occulter le profond affaiblissement qui marque la vie ecclésiale aujourd'hui. La vraie question qui nous est posée: comment assimiler cette nouvelle réalité de l'effacement? Comment le faire, sans d'infinis précautions, tergiversations et atermoiements? Si nous souhaitons que la vie ecclésiale et que les ministères ecclésiaux se renouvellent, il nous sera demandé de sacrifier même ce qui nous paraît aujourd'hui le plus cher. Dans nos jardins et nos prairies, tout paraît effacé par l'automne. À la fin, il ne reste plus rien que la déchirure des labours. C'est le prix qu'il faut payer pour tous les printemps.

Emmaüs, c'est encore la route de la fraternité vécue. Fraternité entre les deux disciples, fraternité vécue au cours du repas, fraternité avec les frères et sœurs de Jérusalem. La fraternité vécue, sentie, est une condition indispensable pour le rebondissement. Pour traverser les traumatismes de l'existence, il existe, note Boris Cyrulnik, deux éléments indispensables : le sens et la fraternité. Le sens, nous le trouvons dans notre lecture des événements contestée par la Parole ; la fraternité, nous la trouvons dans l'affection entre croyants. Aujourd'hui plus que jamais, les croyants cherchent le sens et la fraternité vraie. Rien n'est désormais acceptable si l'on ne parle pas au cœur. Il ne suffit pas de s'adresser à l'esprit, à la tête.

Aujourd'hui, tout est saisi sous le mode affectif, souligne le philosophe Charles Taylor[2]. C'est le secret des sectes et des groupes évangéliques. L'avenir du christianisme réside surtout dans les pays latins, notamment les pays d'Amérique latine et d'Afrique, où cette dimension affective est dominante. Les Églises « froides » et « cérébrales » seront progressivement délaissées. Les croyants ont besoin de nourritures intellectuelles pour dire leur foi, mais ils ont tout aussi besoin de nourritures affectives pour maintenir le lien. Ils attendent des communautés rassemblées une vie relationnelle riche. Les pasteurs, qui sont par ordination des fabricants de relations, doivent se montrer les premiers habiles à nouer des liens, à manifester un accueil chaleureux. Pourquoi l'ordination devrait-elle mettre à part ? Pourquoi devrait-elle

---

2. Voir Charles Taylor, *Les sources du moi. La formation de l'identité moderne*, Boréal, 1998.

enfermer les ministres dans des paroles et des gestes empesés et distants ? Dans le domaine de la foi, tout jaillit d'un contact et non d'un raisonnement.

La route d'Emmaüs, c'est la route de l'eucharistie signifiante, l'eucharistie « qui ouvre les yeux ». L'apôtre Paul faisait un jour la remarque aux chrétiens de Corinthe qu'il ne pouvait pas les féliciter, car, leur expliquait-il, vos assemblées d'eucharistie, « loin de vous faire progresser, vous font du mal » (1 Co 11,17). Il arrive aujourd'hui encore que les eucharisties nous fassent du mal. Elles laissent froids et lassent de plus en plus de croyants qui recherchent un meilleur climat d'intériorité, une prière plus spontanée, une Parole plus nourrissante, une action de grâces reliée à toute la vie. Elles demeurent incompréhensibles pour bien des jeunes qui se montrent pourtant ouverts et intéressés à d'autres styles et rythmes de célébration. Maurice Zundel écrivait, il y a plus de cinquante ans : « Alors que des milliers de gens vont se geler pendant des heures pour assister à une compétition sportive, nos églises sont difficiles à remplir parce qu'on s'y ennuie, parce que ce n'est pas une aventure... Ce n'est pas une découverte. Ce n'est pas un jaillissement toujours nouveau... Surtout, ce n'est pas une aventure incroyable qui donne à la vie une saveur inépuisable et qui, chaque jour, fait se lever un monde nouveau [3]. »

On trouve, dans le récit des disciples d'Emmaüs, une sorte de paradigme de ce que pourrait être une eucharistie renouvelée. Il suffirait de suivre de plus près l'aventure des deux disciples sur leur route d'éclipse et de lumière retrouvée. Certaines communautés déjà s'y essaient. Cela donne une démarche de célébration en trois temps.

---

3. Maurice Zundel, cité par Emmanuel Latteur, *op. cit.*, p. 244-245.

D'abord, un premier temps qui est comme une «liturgie des nouvelles». Il s'agit de rejoindre les croyants sur leur route de la semaine à partir de la question: «De quoi parliez-vous en chemin?» Quels ont été les faits, les événements, les situations qui les ont marqués au cours des derniers jours? C'est le moment pour les frères et sœurs réunis dans la foi d'évoquer les drames et les joies de leur vie présente. Cette mise en commun est ponctuée de la prière la plus humble, la plus traditionnelle et la plus vraie qui soit: «*Kyrie eleison*, Seigneur, prends pitié de nous.» Cette évocation des nouvelles a le pouvoir de créer dès le début une intense solidarité entre croyants, à partir des échos de la vie, à l'écoute des peurs, des pleurs, des cris, des peines, des plaisirs, des inquiétudes, des découvertes, des attentes, des décisions à prendre, bref de tout ce qui rend la vie parfois si amère, parfois si douce. Ce que chacun et chacune portent dans le cœur au début de la célébration, cela devient le terreau bien brassé et fécond qui va sous-tendre les louanges, les actions de grâces et toutes les imprécations de l'assemblée.

Ce premier temps est suivi de la liturgie de la Parole. C'est le temps d'écoute de la parole de Dieu dans la Bible qui vient éclairer, contester, relancer, soutenir la lecture des événements de la vie qui viennent d'être évoqués. Il suffit souvent d'un seul texte, d'une seule page des Évangiles ou de la Bible, une page lue, présentée, interrogée, contestée, expliquée. Il faut du temps pour que cette lecture suscite une résonance en nous, pour qu'elle nous déloge, pour qu'elle devienne nourrissante. Il faut que les croyants puissent l'assimiler, la «mâcher» pour ainsi dire, la goûter, voir comment elle peut donner du goût, du sens, de l'élan à leur vie. Il faut que certains témoignent de l'effet de cette Parole pour eux-mêmes, dans le concret de leur existence. Il faut que s'instaure l'incessant mouvement: de la vie à la Parole et de la Parole à la vie, et que les croyants découvrent que l'Écriture les rejoint dans leur confrontation avec l'existence, la mort, la maladie, l'amour, la violence, la vérité, les ténèbres.

Vient alors le troisième temps, le temps du repas eucharistique. Il se déroule dans le contexte d'une véritable prière d'action de grâces en lien avec les deux temps précédents. Il n'est pas nécessaire que ce troisième temps soit long. Des gestes et des mots brefs parlent plus que des palabres. N'était-ce pas le schéma fondamental des premières assemblées chrétiennes? Réunis dans la maison d'un frère, ces gens priaient ensemble pour les besoins de toute l'Église, puis ils lisaient l'Écriture et des lettres d'actualité: ce que Paul et les autres apôtres avaient écrit aux diverses communautés. L'eucharistie autour du pain et du vin suivait, sans longueur. Telle fut l'eucharistie vécue par les disciples d'Emmaüs.

Par leur format et leur style, les célébrations que nous connaissons sont solennelles. Elles se déroulent suivant un schéma qui convient très bien dans les grandes assemblées, lorsqu'on a du temps et des moyens. Du temps, car si l'on veut vraiment déployer le schéma actuel, il faut y mettre au moins une heure, une heure et demie. Il faut aussi des moyens, car le rituel actuel suppose une bonne participation des chantres, des choristes, des lecteurs, de l'organiste et d'autres intervenants. Dans une petite communauté, lorsque les moyens sont pauvres, lorsque le temps est réduit à moins de cinquante minutes, ce schéma s'avère trop sec et trop chargé. L'assemblée paraît réunie pour lire des textes mot à mot, entendre trois lectures faites à la course, écouter une homélie sans aucune possibilité d'interrogation ou d'échange, refaire des gestes qui paraissent trop souvent standards et purement rituels, se conformer aux consignes: se lever, s'asseoir, à répétition.

Avec la multiplication des petites communautés, il y aurait place pour deux schémas: le schéma solennel actuel et un autre plus familier. Il en irait un peu comme pour nos repas à la maison: aux jours de fête, le menu est raffiné et comporte plusieurs services; aux jours ordinaires, il peut se résumer à deux ou trois plats, tout dépendant des circonstances, du temps et des moyens on dispose.

Dans l'Évangile, disions-nous, il n'est pas question d'une auberge à Emmaüs. C'est peut-être dommage. Car les peintures de Caravage, de Rembrandt et de tant d'autres ont imprimé dans notre mémoire l'idée que tout s'est passé dans une auberge. On y dépeint même l'aubergiste. Nous tenons à l'auberge, comme nous tenons à nos églises. Les deux symboles se rejoignent. Les églises sont le signe, le lieu sacramentel de la rencontre, du rendez-vous avec le Seigneur au bout de nos fatigues et de nos routes, le lieu où l'on va se refaire le cœur. Il existe deux tentations au sujet des églises devenues aujourd'hui superflues: s'en libérer au plus vite pour ne pas grever le budget, ou mettre tout bonnement en cause la nécessité, pour l'Église, d'avoir des lieux de prière bien identifiés dans les divers quartiers des villes et dans les villages.

Il convient de souligner que le patrimoine religieux immobilier est important non seulement pour ceux qui viennent habituellement aux célébrations, mais également pour ceux qui n'y viennent pas. Ce patrimoine reste un repère important dans la mémoire et le cœur de beaucoup, indépendamment de leur cheminement spirituel. Il faut évaluer justement l'importance de ces repères culturels dans les réaménagements pastoraux en cours.

Pour décider de l'avenir de ces lieux de culte devenus excédentaires, une bonne question à se poser est celle-ci : à qui appartiennent les églises ? Il importe de clarifier cette question, car prendre la décision de fermer une église, c'est attenter à la mémoire et aux convictions de bien des gens, c'est aussi faire face éventuellement à l'incompréhension et à l'amertume. C'est parfois comme démolir un nid de guêpes : les gens subitement se réveillent et foncent sur les décideurs avec des paroles acérées.

Qui sont donc les propriétaires des églises ? D'après la législation civile du Québec, les églises appartiennent au comité paroissial qui représente les paroissiens, qu'on appelle la fabrique. C'est donc le conseil de la fabrique – six marguilliers, élus par les paroissiens, avec le pasteur – qui peut voter la résolution du maintien ou de la fermeture d'une église. Ce conseil prend normalement l'avis des paroissiens dans une assemblée qui demeure consultative, mais c'est lui qui a le pouvoir légal de proposer à l'évêque la fermeture ou la vente de l'édifice qui servait au culte, ou sa conversion à d'autres usages. Il s'agit bien d'une proposition que fait le conseil de la fabrique et non d'une décision officielle. Cette proposition doit être soumise à l'évêque, et c'est l'évêque qui prend la décision finale et définitive. En recevant la proposition du conseil de la fabrique, l'évêque n'a que deux options devant lui : entériner ou rejeter la proposition. Dans ce contexte, l'évêque peut se retrouver coincé : s'il rejette la proposition, le risque est grand que les gens protestent au nom du respect des structures démocratiques.

Reconnaissons que cette réponse toute juridique – les églises appartiennent à la fabrique – est devenue aujourd'hui trop rapide et trop courte. La loi devrait être modifiée ou clarifiée de manière à tenir compte d'une réalité beaucoup plus complexe et à mettre davantage en évidence le fait que c'est l'évêque qui, en dernière analyse, prend la décision. Celui qui a fondé une paroisse est aussi celui qui peut la fermer.

La réalité plus complexe, c'est que les églises appartiennent d'une certaine manière à toute la population d'un village, d'un quartier, d'une ville, sans égard au fait que les gens soient ou non des pratiquants réguliers. Ces églises ont été bâties et maintenues à même la générosité et l'effort de générations et de générations de citoyens. Construction, réparations, entretien, tout cela a été assuré par une population qui déborde de beaucoup la frontière d'une assemblée de fidèles paroissiens. Au fil des années, ces bâtiments ont reçu les services municipaux – aqueduc, égouts, protection contre les incendies, etc. – libres de toute taxe. C'est pourquoi il conviendrait de donner voix à l'ensemble de la population, au moyen d'un avis demandé aux autorités du quartier, de l'arrondissement ou de la municipalité visés.

Il faut aller plus loin. Lorsqu'elles ont une valeur patrimoniale ou artistique majeure, les églises appartiennent en quelque sorte au patrimoine commun du pays. En France et dans plusieurs autres pays européens, ces églises sont propriété de l'État et donc à la charge des autorités civiles qui les attribuent aux communautés croyantes pour l'exercice du culte. Il serait indiqué de favoriser ici une prise en charge plus évidente de l'État dans le cadre d'une politique des affaires culturelles et de la conservation du patrimoine religieux. C'est dire qu'au moment de décider de l'avenir d'une propriété patrimoniale le gouvernement devrait aussi avoir un mot à dire. C'est à la lumière de ces trois avis – provenant des paroissiens, des autorités civiles locales et des autorités gouvernementales – que l'évêque déciderait en dernière analyse. Certes, la décision demeurerait toujours déchirante à prendre et, dans le cas d'une fermeture, toujours difficile à accueillir par les paroissiens intéressés, mais au moins elle reposerait sur une consultation ouverte et transparente, sans ambiguïté sur les titres de propriété et sur les décideurs habilités à trancher la question.

Quelles que soient les décisions à prendre dans tel ou tel cas, il est important de maintenir et de protéger le patrimoine religieux et d'y donner accès. Il faut prendre très au sérieux la portée locale d'une ouverture d'église, surtout dans les milieux ruraux qui se sentent parfois loin de tout, et laissés de côté par la civilisation urbaine. Une église ouverte, c'est une manière de promouvoir la présence discrète de l'étranger d'Emmaüs aux carrefours de la vie des gens, là où ils habitent. Leur attachement parfois surprenant au bâtiment église, c'est leur manière de dire : « Reste avec nous. »

Routes désertes

L'espérance, c'est la profonde détermination à construire le futur de l'Église, avec et sous l'influence de l'Esprit de Dieu.

Bernard Häring

À L'AUTOMNE, tout devient désert. Dans le jardin, on a arraché les derniers plants et coupé les tiges fanées et affalées sur le sol. On a rangé les pots de fleurs et les meubles de jardin. Dans les parcs, les plates-bandes ont été rasées. Dans les champs s'étend le désert noir des terres labourées. Le désert jauni des prairies desséchées et brûlées par les nuits de gel. Le désert gris des forêts et des bosquets dénudés. Et puis le désert blanc des premières neiges. On a peine à croire que la nature pourra franchir tous ces déserts. Et reverdir, quand elle sera réchauffée par le soleil de mars et d'avril. L'automne, une parenthèse qui paraît interrompre tout le cours de la vie !

L'Église en automne n'est pas devenue un désert, mais elle est désertée. Désertée par les jeunes générations. Les 18-30 ans ne comptent que pour un pour cent dans les assemblées dominicales. Désertée de plus en plus aussi par de jeunes familles qui choisissent d'aller vers les Églises évangéliques, plus chaudes et plus fraternelles. Désertée surtout par des gens de tout âge qui n'ont pas rompu les ponts avec Jésus et l'Évangile, mais qui n'attendent plus grand-chose d'une institution qu'ils respectent mais qu'ils jugent dépassée. Désertée aussi par les nouvelles cultures qui ne veulent rien savoir et qui n'en finissent plus, par leurs sarcasmes et leurs clichés, de dénoncer ce qu'ils appellent l'exploitation, la domination et l'obscurantisme religieux des siècles passés. Ces éloignements et ces départs menacent l'avenir de l'institution.

Pendant un temps, l'Église a cherché comment contrer ces mouvements et cette érosion. On entend encore souvent des appels pour le retour des « distants ». Sans véritable analyse des raisons et du sens de cette distance et de ces écarts, certains dénoncent encore trop facilement ces chrétiens légers, insouciants et incohérents qui ne « pratiquent » plus. Or, il y a de nombreux motifs qui expliquent leur éloignement, et l'institution ecclésiale elle-même n'est pas sans faute. Mais, heureusement, le plus gros des efforts de l'Église se porte maintenant dans une autre direction. On cherche avant tout à mesurer l'ampleur des nouveaux défis que pose le monde actuel, l'ampleur également des questions que les « distants » posent à l'institution ecclésiale. On prend de plus en plus conscience que c'est un nouveau monde qui s'inaugure devant nous. Avec ses dérives et ses possibilités. L'Église en ce pays se retrouve un peu comme les Européens d'il y a quatre cents ans devant un Nouveau Monde à découvrir, à apprivoiser, à évangéliser.

Dans ce contexte, il est éclairant de regarder ce qui est arrivé aux premiers groupes de chrétiens lorsqu'ils furent affrontés à l'immense Empire gréco-romain. Ils n'étaient qu'une poignée de Juifs porteurs d'un message d'éclatement. Quels défis ils devaient surmonter ! Transformer la religion traditionnelle juive, réinterpréter les Écritures, sortir des frontières étroites de Jérusalem et d'Israël, s'ouvrir à un monde païen, avec ses élites, ses contradictions, ses dieux. D'une certaine manière, ces défis étaient autrement plus profonds et plus radicaux que celui qui se présente à l'Église aujourd'hui. Or, cette première Église effectuera en quelques années un virage incroyable. Le livre des Actes des apôtres raconte en quelques chapitres l'essentiel de ce virage. Il rapporte à ce sujet quatre épisodes clés. Tout a commencé par une route déserte.

Le récit du fonctionnaire éthiopien (Ac 8,26-40)

Le premier épisode met en scène Philippe et un fonctionnaire éthiopien. Philippe venait d'être choisi et ordonné pour le service des tables pendant les eucharisties à Jérusalem. Or, voici que l'Esprit le saisit pour une tout autre mission, bien loin de Jérusalem. « Un messager du Seigneur s'est adressé à Philippe : ‹ Pars et trouve-toi vers midi sur la route qui descend de Jérusalem vers Gaza. Elle est peu fréquentée. › » La route de Gaza, c'est la route qui descend vers la mer, qui conduit à la Méditerranée. Une route déserte. Donc une route sans espoir pour qui souhaite annoncer l'Évangile. D'ailleurs, la communauté chrétienne est si jeune et si minuscule ! Qui songerait à aller annoncer la foi nouvelle hors des frontières du peuple juif ? C'est pourtant la route qui ouvrira la voie sur tout le bassin méditerranéen. Docile à l'inspiration de l'ange du Seigneur, Philippe y est allé.

« Est arrivé un eunuque éthiopien, dignitaire de la cour de Candace, reine d'Éthiopie, et gouverneur du Trésor. » Première rencontre sur la route, un étranger, fonctionnaire du Trésor de l'Éthiopie. Il est venu à Jérusalem pour affaires d'État. Mais aussi pour une autre raison : « Il revenait de Jérusalem, où il était allé adorer Dieu. » Par quel hasard cet Éthiopien est-il adepte du Dieu des Juifs ? On dit qu'en son pays il était resté une colonie proche des Juifs dont l'affiliation remonterait jusqu'à la reine de Saba, la reine qui visita le roi Salomon, près de mille ans auparavant, et qui «perdit le souffle» à voir les richesses et la sagesse de son hôte (1 R 10, 1-13). Salomon, pour sa part, donna à la reine «tout ce qu'elle désirait»... Étonnante genèse ou transmission de la foi qui traverse les générations et les siècles, à travers des événements qui semblent n'avoir aucun rapport, comme les semences de pin ou de framboisier qui se transportent et demeurent latentes dans le sol pendant des centaines d'années. La foi a toujours des enracinements plus profonds qu'on ne le croit.

«Assis sur son char, il lisait le prophète Isaïe.» Le fonctionnaire est de haut niveau. Il est assis dans son char comme dans la limousine d'un dignitaire. Dans son pèlerinage au temple, il a mis la main sur certains écrits sacrés qu'il s'empresse de lire en route.

«Le Souffle dit à Philippe d'avancer et de rejoindre ce char.» Philippe est en retrait, il est derrière. L'Esprit lui commande de courir pour rejoindre le char. Sur les routes désertes de la foi, nous sommes souvent en retard sur les gens. Ce ne sont pas eux qui sont distants, c'est nous qui nous tenons à distance. «Avance et rejoins le char des étrangers et des distants de la foi!» C'est le message que souffle l'Esprit aujourd'hui à l'Église. Comble le retard culturel qui t'éloigne. Rejoins les gens dans leur char, dans le cours de leur vie, sur le chemin qui est le leur.

«Accourant, Philippe entendit que l'homme lisait le prophète Isaïe.» La coutume voulait que la lecture se fît à voix haute. Philippe est donc en mesure d'entendre les mots que murmure l'étranger. Il lui pose la question: «Comprends-tu ce que tu es en train de lire?» Simple question d'abordage,

mais elle tombe juste : Philippe veut se mettre immédiatement sur la même longueur d'onde que le voyageur. Le fonctionnaire répondit : « Comment le pourrais-je si personne ne
me guide ? » Il est vrai que les Écritures ressemblent souvent
à une forêt embroussaillée et obscure. Pour pénétrer dans
cette forêt, il faut un guide. Surtout quand on vient ou qu'on
revient de loin.

L'Éthiopien invite alors Philippe à s'asseoir près de lui.
Remarquons que c'est l'étranger qui fait l'invitation. Ce n'est
pas Philippe qui s'invite ou s'impose. C'est la belle discrétion
qui est de mise devant un fonctionnaire important. C'est la
discrétion qui s'impose aujourd'hui devant toute personne.
Les gens sont plus instruits, ils sont plus autonomes, ils veulent être en tout point les maîtres de leur évolution spirituelle. Ils repoussent sans détour toutes les intentions
missionnaires ou prosélytiques.

Le fonctionnaire était en train de lire un extrait d'Isaïe,
un des passages dits du serviteur souffrant, qu'on appliquera
à Jésus. « On le mena comme on mène un mouton à l'abat-
toir. Il est resté muet comme l'agneau se tait devant celui qui
le tond. Humilié, justice ne lui a pas été rendue. Qui fera le
récit de sa descendance ? Sa vie est effacée de la surface de la
terre. » Le fonctionnaire demande à Philippe : « Dis-moi, je
t'en prie, à propos de qui le prophète a prononcé ces paroles ?
Parle-t-il de lui-même ou d'un autre ? »

Philippe répond directement à cette question et lui
annonce Jésus. On ne sait rien de la longueur des explications. On sait seulement que Philippe répond « à partir de ce
texte » d'Isaïe que le fonctionnaire est en train de lire.
L'annonce est toujours mieux accueillie quand elle répond à
une question que porte en soi celui qui reçoit cette annonce.

Quand elle se rapporte à une recherche dans laquelle il est déjà engagé. L'annonce reste sans effet quand elle cherche à apporter des réponses à des questions qui ne se posent pas. En voulant devancer les interrogations ou en cherchant à trop expliciter les choses de la foi, on les affaiblit.

«Avançant sur la route, ils arrivent à un point d'eau. L'eunuque dit: ‹Voici de l'eau, qu'est-ce qui m'empêche d'être baptisé?›» Philippe lui a donc parlé du baptême qui donne d'adhérer à Jésus. Les fonctionnaires, par profession, se doivent d'être efficaces. L'Éthiopien ne veut pas laisser traîner les choses. Expéditif, il demande sur-le-champ le baptême. Sans autre préparation que cette conversation plus ou moins longue avec Philippe? Non, il y a longtemps que cet homme est mû par l'Esprit. Sa recherche ne date pas de ce jour. Ne revient-il pas d'un pèlerinage personnel au temple? Peut-être Philippe a-t-il jugé que le baptême était un peu précipité. Ce qui explique l'insistance du fonctionnaire: «Qu'est-ce qui m'empêche d'être baptisé?» Une question que posent bien des gens qui demandent un sacrement et se voient contraints de faire de longues préparations. «Qu'est-ce qui empêche...?» C'est l'Éthiopien qui ordonne l'arrêt du char. Philippe et lui descendent dans l'eau et Philippe le baptise.

La rencontre se termine abruptement. «Quand ils sont sortis de l'eau, Philippe est enlevé par le Souffle du Seigneur: l'eunuque ne l'a plus vu. Il a poursuivi son chemin, joyeux.» Philippe est emporté par l'Esprit ailleurs, au-devant. Plus loin que Gaza. «On a retrouvé Philippe à Azôt. Sur son passage, il évangélisait toutes les villes jusqu'à son arrivée à Césarée.» Quant au fonctionnaire éthiopien, il poursuivit sa route dans la joie. Notons cette caractéristique: il a continué «dans la joie». Les vraies rencontres de la foi conduisent à la joie. C'est-à-dire à un sentiment de plénitude, à un apaisement, à un contentement, à l'impression d'avoir touché le meilleur de soi, à un état d'intégration rarement atteint. Elles ne détournent pas chacun de son chemin de vie particulier, mais chacun peut poursuivre «joyeux», content. C'est souvent le premier fruit de l'Esprit, le premier signe de ce qu'on appelle la grâce.

Sur la route de Gaza

Ainsi s'amorce, avec ce premier épisode, le virage majeur que fit la première communauté croyante. Sur une route déserte, un premier contact inespéré. Les exégètes expliquent que cet épisode constitue un texte matriciel pour la foi. C'est-à-dire un texte didactique qui entend montrer comment on vient à la foi, comment la foi peut prendre racine dans la vie de quelqu'un. Ce texte éclaire encore comment peut naître la foi dans une Église aujourd'hui engagée sur des routes désertes. On peut en dégager quelques convictions radicales pour notre temps.

La *première conviction* éclate comme une évidence: *l'Esprit de Dieu nous précède.* Il précède tous les efforts pastoraux, toutes les paroles, tous les envoyés et toutes les entreprises missionnaires. Dans le récit de Philippe et de l'Éthiopien, c'est clairement l'Esprit qui mène le jeu. C'est lui qui oriente Philippe sur la route. C'est lui qui travaille le cœur du fonctionnaire à travers ses occupations professionnelles et ses déplacements. C'est lui qui est présent à leur conversation. C'est lui qui les accompagne dans la suite de leur voyage.

Aujourd'hui encore, l'Esprit nous précède. Peut-être plus encore qu'en d'autres temps. Quand le souffle en Église s'épuise, c'est l'Esprit qui prend la relève. Comment l'Esprit de Dieu nous précède-t-il? Il nous précède en dehors des frontières de l'Église de mille manières. Voyons un peu.

Dans le monde du travail, on met de plus en plus l'accent sur l'apport des employés, sur le climat de travail, sur la nécessité de trouver du plaisir à la tâche, sur l'importance de trouver un sens à son travail. Personne ne souhaite que les employés amènent leur religion sur les lieux de travail, mais on apprécie que chacun y apporte ses valeurs, son esprit, sa « spiritualité ». Dans le monde de la santé, on reconnaît plus aisément aujourd'hui le facteur positif que constituent un bon moral, la force intérieure des patients, la spiritualité qui les anime, la valeur même de la prière et des réseaux de soutien de toute nature. Dans le monde du droit, on reconnaît plus ouvertement le caractère singulier des individus, les droits inaliénables de toute personne, le respect des valeurs intimes de chacun. Dans le domaine de la psychologie, on se montre très attentif à l'univers du cœur, des sentiments, des affects, des croyances. On sait que le drame d'une vie, c'est moins de devoir lutter contre le malheur que de n'avoir jamais découvert le monde du dedans, le monde de l'intériorité. Dans les mouvements d'affirmation personnelle, dans les groupes de revendications sociales et humanitaires, dans les nombreux regroupements relatifs à ce qu'on appelle le potentiel humain, que de gens ont redécouvert non seulement leur moi profond, mais aussi leur spiritualité et souvent leur Dieu! Pensons aux alcooliques anonymes, aux narcomanes anonymes et à tant d'autres groupes d'anonymes du mal-être qui ont pour pédagogie d'aider les gens à raviver leurs forces intérieures et spirituelles.

L'Esprit nous devance sur tous ces chemins de brousse et de traverse où les personnes sont en quête d'un mieux-vivre. C'est dire que lorsque ces gens rencontrent un agent de l'Église, ils ne partent pas de zéro. Déjà, l'Esprit a pu leur faire parcourir un bon bout de chemin.

Une *deuxième conviction* se dégage de la route de Gaza: *la rencontre* de Philippe et de l'Éthiopien a été brève, le temps d'une route ensemble, mais les deux ont fait ensemble un bout de chemin remarquable. Faire un bout de chemin, si bref soit-il, en compagnie d'un témoin de l'Évangile. C'est ainsi qu'il convient de penser aujourd'hui l'éducation de la foi: un cheminement sur la route, la route de la vie.

Il y aura sur cette route des moments merveilleux éclairés par l'Évangile. Des moments de jubilation intérieure, de lumière, de présence. Des petits bouts de vie, à des moments stratégiques de l'existence, où l'on devine une présence, où l'on se sent rejoint jusque dans ses silences, où on a le senti-ment d'«exister» à fond. Comme des bonheurs sans préavis, quelque chose en soi s'ouvre et s'éveille. Comme une lumière qui doucement entre et éclaire une pièce... Des presque rien et pourtant des moments «lumineux», comme un éclair, comme une naissance ou une renaissance. Des moments d'amour, des moments de foi. Moments de plénitude inatten-due, moments de grâce. Des instants où affleure l'Esprit. Des moments rares et précieux. Inoubliables. Ces moments brefs de la vie, cette parole vivante, cet événement, cette rencontre, ce jour-là, à cette heure, ces mots entendus, ce rite accompli, tout cela est désormais inscrit dans la mémoire, dans le cœur, dans des photos, dans des objets symboliques transitionnels, dans des dates précises. «C'est l'église où j'ai été baptisé.» «C'était tel jour, je me rappelle...» «C'est la croix, le chapelet que m'a donné ma grand-mère au jour de ma profession de foi.» «Elle m'a dit ceci...»

Ces moments lumineux ne sont pas toujours explicitement spirituels ou religieux. Mais ils font pressentir quelque chose d'un monde inconnu. Ils révèlent quelque chose du fond de la vie, aux confins du mystère. Les poètes aussi vivent de ces moments de grâce et de révélation. Un auteur écrit: « Ces moments lumineux sont rares et, sans doute à cause de leur rareté même, constituent le pivot de toute une existence. On ne peut ni les prévoir ni les provoquer. Comment et pourquoi nous sont-ils donnés? je ne peux le dire. Ils arrivent à l'improviste, dans le lieu le plus coutumier, ou le plus extraordinaire, c'est selon, dans un temps que vous ne pouvez pas choisir. Ils comblent des années d'attente. Ils viennent couronner des années habitées par le désir secret, presque inavouable, de vous fondre à ce qui est, le désir de sentir l'être du monde vous pénétrer [1]... »

On s'inquiète beaucoup aujourd'hui de la transmission de la foi. Comment les jeunes générations découvriront-elles les chemins de la foi? Il semble bien qu'il faudra renoncer à penser l'éducation de la foi selon les schémas habituels. C'est-à-dire en misant tout sur les canaux traditionnels: l'école, les familles, les paroisses appelées à travailler en convergence. En comptant également sur une formation systématique, soi-disant indispensable, qui couvrirait l'ensemble des enseignements de l'Église. À ceux qui ne cessent de répéter que les familles et les paroisses doivent prendre la relève de l'école qui ne remplit plus cette mission, on a envie de répliquer: non, elles ne prendront pas la relève. Parce qu'elles sont largement incapables de le faire. Elles n'en ont pas les moyens. Les parents ne répéteront pas ce que l'école ne dit plus. Les paroisses, elles, sont trop occupées par leurs pro-

---

1. Pierre Morency, *La Vie entière*, Boréal, 1996, p. 85-86.

blèmes de vieillissement et de réaménagements pastoraux pour s'intéresser véritablement aux enfants et aux jeunes qu'elles n'accrochent plus depuis des décennies. Cessons de penser à cette forme de relève. Ne comptons pas sur elle. Et pas davantage sur une réingénierie des diverses formes d'action pastorale. À poursuivre dans cette voie, on risque simplement de se désespérer. Nous avons besoin d'un autre paradigme, d'une autre manière de penser.

Ce nouveau paradigme, il nous est suggéré par la route de Gaza. Il nous demande simplement d'être présents de manière significative aux moments importants et décisifs de la vie des gens. Comme « en passant ». Pour fabriquer des souvenirs heureux, afin que les jeunes et les moins jeunes poursuivent leur route dans la joie. Rien que cela ? Oui. Mais tout cela. Une présence pertinente, intense, désintéressée. Est-ce vraiment un nouveau paradigme ? Non, pas vraiment. C'est le paradigme initial de la transmission de la foi. Avant d'être consigné dans les temples, dans les écoles, dans des écrits, l'Évangile a d'abord été proclamé sur les routes, au hasard des rencontres de la vie.

Cette façon de voir dérange et inquiète. Nous sommes habitués aux chemins balisés, depuis la naissance jusqu'à la mort. Or, il est évident que les gens en général et les jeunes en particulier suivent de moins en moins ces chemins que la pastorale a tracés pour eux. Il apparaît de plus en plus que tout ce que les agents de pastorale peuvent faire avec eux, jeunes et moins jeunes, ce sont des bouts de chemin. Des bouts de chemin en direction du Dieu de l'Évangile. Un bout de chemin avec les enfants au moment de l'initiation sacramentelle. Un bout de chemin avec un groupe de jeunes lors d'une activité de secours, de réflexion, de prière. Un bout de chemin à l'occasion d'un baptême, d'un deuil, d'un événement marquant.

La pastorale d'aujourd'hui risque de s'épuiser en vain à trop vouloir agencer de longues démarches qui s'enchaîneraient tout au long de la vie. L'Esprit nous envoie plutôt sur les routes « désertes » des jeunes et du monde. Il revient aux agents de pastorale d'être des accompagnateurs pertinents, le temps d'une route. Évidemment, cela donnera des parcours de foi plutôt discontinus, ponctuels, partiels. Oui. Des itinéraires en pointillés, et non plus linéaires comme avant. Mais l'Esprit qui nous précède sur ces routes apparemment désertes est bien capable de relier ces bouts de chemin, d'assurer les convergences, de tracer de véritables itinéraires de foi.

Une *troisième conviction* se dégage de la route de Gaza : la conviction que *les rites sacramentels sont à comprendre et à célébrer comme « des points d'eau » sur la route du monde*. Il arrive que les sacrements soient parfois conçus et présentés presque exclusivement comme des points-sommets dans la vie, sommets auxquels on ne peut parvenir qu'après une préparation minutieuse et des instructions multipliées. Ils risquent d'être présentés ou perçus comme des sacrements pour initiés. Certains voudraient qu'ils soient réservés à une élite qui sait dire sa foi dans le langage codé officiel et se montrer fidèle aux pratiques religieuses.

La route de Gaza nous rappelle que la principale préparation aux sacrements, c'est celle que la vie elle-même, irriguée par l'Esprit de Dieu, occasionne. Par exemple, le couple qui décide de donner la vie à un enfant fait un geste de foi véritable, car, aujourd'hui, donner la vie, c'est un acte de foi en la vie et en l'avenir. Ce couple prend une décision qui va le conduire à de multiples gestes de don et de générosité. La mère qui portera l'enfant pendant neuf mois, abandonnant son travail le temps de la grossesse, va littéralement, physiquement, «donner son corps et son sang» pour la vie de son enfant. Le père qui part au travail au petit matin pour le gagne-pain va s'inquiéter tout au long des journées de la santé de la mère et de l'enfant. Ils vont devoir changer toutes leurs habitudes: loisirs, nuits de sommeil, budgets, déplacements, etc. Cette longue préparation-là est la vraie, elle est plus importante que celle qui consiste à expliquer des symboles bibliques ou liturgiques. C'est elle qui connecte vraiment avec le cœur de la foi: donner sa vie pour la vie du monde. Le baptême viendra dire que Dieu a vu leur générosité, qu'il protégera aussi la vie de cet enfant jusqu'en la vie éternelle.

Points d'eau: les sacrements deviennent des points de ravitaillement, de réconfort, de reconnaissance pour des humains souvent épuisés, incertains, incohérents et pourtant généreux sur la route de leur vie. Les sacrements sont pour les hommes, dit la théologie. Ce ne sont pas des rites à pratiquer chichement, de manière bureaucratique, comme si l'Église et ses agents en étaient les propriétaires.

L'étape de Gaza à Césarée (Ac 9-10)

Le second épisode qui décrit le virage effectué par les premiers frères et sœurs chrétiens raconte la conversion de Paul. La conversion de celui qui deviendra l'apôtre de l'ouverture du christianisme, l'apôtre de toutes les nations. Paul est un homme entier, déconcertant, unique, comme l'écrit Alain Decaux dans son livre remarquable sur Paul, *L'avorton de Dieu*. «L'homme est immense. Fou du Christ, bouleversant par sa foi-brasier. D'abord persécuteur impitoyable des chrétiens – ses méthodes préfigurent celles des polices politiques du xxe siècle –, il reconnaît le Fils de Dieu quand, sur le chemin de Damas, Jésus s'adresse à lui : ‹ Il m'est apparu à moi, l'avorton, car je suis le plus petit des apôtres. › Mystique et stratège. Caractériel. Souffrant mille morts quand ses certitudes sont mises en doute, mais refusant d'en abdiquer aucune. Premier à comprendre que le christianisme n'avait d'avenir que s'il s'adressait aux païens [2]. »

Paul est considéré par beaucoup comme « l'architecte du christianisme », il l'a été à tout le moins sur le plan de la pensée. Sa conversion jette le trouble parmi les Juifs et parmi les premiers groupes chrétiens. De part et d'autre, on le rejette. Les chrétiens le craignaient : « N'est-ce pas l'homme qui a persécuté à Jérusalem ceux qui se réclament du nom de Jésus ? » Les Juifs le voyaient désormais comme un traître. Ils étaient même « convenus de le tuer ». Ils surveillaient les portes de la ville, jour et nuit, pour le supprimer. Saul se réfugie alors à Jérusalem. « Tous avaient peur de lui, car ils ne croyaient pas qu'il fût véritablement un disciple. » Il est demeuré avec les chrétiens de Jérusalem, « parlant avec audace dans le nom du Seigneur ». Puis ils l'ont amené sur la route qui est la nôtre, celle qui conduit de Gaza à Césarée.

Au troisième épisode, on retrouve Pierre sur la même route, à Lydda puis à Joppé, deux villages voisins. Il s'y passe deux petits événements qui ont l'air de rien, mais qui sont loin d'être des parenthèses dans le texte. Dans le village de Lydda, Pierre relève un paralysé grabataire depuis huit ans. « Lève-toi et plie ton lit. » L'homme aussitôt s'est levé. Puis, dans le village voisin, à Joppé, Pierre réveille une femme nommée Tabitha, « prodigue de gestes charitables et d'aumônes ». « Tabitha, lève-toi », lui dit-il. « Elle a ouvert les

---

2. Alain Decaux, *L'avorton de Dieu. Une vie de saint Paul*, Desclée de Brouwer, 2003.

yeux, elle a vu Pierre et elle s'est assise. Pierre lui a tendu la main pour l'aider à se lever. » Puis il l'a présentée « vivante » à toute la foule rassemblée.

Deux simples faits qui s'inscrivent ici dans les Actes, comme par hasard, comme en passant. On peut y voir deux gestes reliés et significatifs. Pierre remet sur pied un homme et une femme. Il les fait se lever tous les deux, vivants. Sous l'impulsion des proches et des petites foules rassemblées dans les maisons de cet homme et de cette femme, Pierre agit comme s'il voulait faire se lever à égalité homme et femme en Église, masculin et féminin ensemble, pleinement vivants, redonnés à leur milieu.

On le sait, cette égalité entre hommes et femmes n'est pas encore acquise ni dans le monde ni dans l'Église. Pour y arriver, dans le monde et dans l'Église, il faudra la main tendue des hommes, il faudra la main tendue de Pierre et de ses représentants vers la femme « pour l'aider à se lever » et la présenter pleinement « vivante » dans le monde entier. Ne pas le faire, c'est porter atteinte à la mémoire de Jésus, qui n'a pratiqué aucune forme de discrimination. Ne pas le faire, c'est aussi faire injure à ce que tous considèrent aujourd'hui comme un précieux acquis de civilisation : la femme enfin considérée comme l'égale de l'homme, après une honteuse histoire multiséculaire de domination et de soumission forcée.

Comme l'écrit le théologien Bernard Häring : « La plupart des théologiens et des experts bibliques s'accordent pour dire qu'il n'y a pas dans l'Écriture d'arguments convaincants pour l'exclusion des femmes de la prêtrise. L'argument que Jésus ‹ n'a pas ordonné de femmes › est futile, car rien n'est dit au sujet de ‹ l'ordination des hommes ›. Il institua l'eucharistie, le confiant à tous les croyants comme un cadeau suprême, un mandat et un testament : ‹ Faites ceci en mémoire de moi, vous tous › [3]. » Pour les jeunes, le droit à un traitement et à des rapports égalitaires entre hommes et femmes apparaît indiscutable et irréversible, comme allant de soi. Malgré certains ajustements, la situation faite aux femmes en Église apparaît aux jeunes générations comme un empêchement rédhibitoire à leur adhésion. Il convient de continuer d'agiter gentiment, résolument, mais aussi avec un brin d'humour, cette question brûlante pour l'avenir de l'Église. Tant que l'égalité ne sera pas pleinement acquise, la parole de Dieu demeurera proclamée et reçue de manière incomplète.

Le quatrième et dernier épisode concerne ce qu'on pourrait appeler la conversion de Pierre. Ce dernier était demeuré quelques jours à Joppé chez Simon, un tanneur. Pendant ce temps, il se passait des choses étonnantes chez un homme habitant Césarée et nommé Corneille. C'était un militaire romain croyant en Dieu, avec toute sa maison, qui « faisait de généreuses aumônes au peuple et se montrait assidu dans ses prières ». Cet homme eut une vision : « Il a vu distinctement un messager de Dieu s'approcher de lui en prononçant son nom : ‹ Corneille. › Apeuré et ne détachant pas son regard, il a demandé : ‹ Qu'y a-t-il, Seigneur ? › Le messager a répondu : ‹ Tes prières et tes aumônes sont allées jusqu'à Dieu et il s'en est souvenu. Envoie des hommes à Joppé, qu'ils ramènent Simon, celui qu'on surnomme Pierre. Il habite dans une maison, au bord de la mer, que possède un certain Simon, le tanneur. › »

Sur-le-champ, Corneille envoie deux hommes et un soldat à Joppé en leur expliquant tout ce qu'ils doivent y faire. Pendant que les trois s'approchaient de la ville, les événements se préci-

---

3. Bernard Häring, *op. cit.*, p. 168.

pitent. Pierre était monté sur la terrasse pour prier. Il eut très faim et envie de manger. On lui préparait un repas quand les effluves de la cuisine le menèrent à l'extase. « Il a vu s'ouvrir le ciel et quelque chose ayant l'apparence d'une grande voile repliée aux quatre coins qui descendait vers la terre. Tous les quadrupèdes et les reptiles de la terre, tous les oiseaux du ciel étaient dans cette voile. Une voix s'est adressée à lui : ‹ Allez, Pierre, offre un sacrifice et mange ! › » Pierre répond : « Jamais de la vie ! C'est impossible, car jamais quelque chose de profane et d'impur n'est entré dans ma bouche. » Une deuxième fois, la voix lui a dit : « Prends et mange ! Ce que Dieu a purifié, ne le dis pas impur. » Cela s'est répété trois fois. Jusqu'à la fin, Pierre, le premier pape, tout conscient de sa mission, a refusé. Pas question de changer quoi que ce soit à ses convictions et à la tradition. Il ne s'y croyait pas autorisé, mais il s'interrogeait sur cette étrange vision.

Voici qu'on frappe en bas, au portail de la maison. Ce sont les trois hommes venus de Césarée. « Le Souffle dit à Pierre : ‹ Il y a là trois hommes qui te cherchent. Descends, suis-les sans hésiter, car c'est moi qui les envoie. › » Pierre est descendu. « Me voici, leur dit-il, je suis celui que vous cherchez. Quelle est la raison de votre présence ? » Les trois hommes s'expliquent et transmettent le message de Corneille de venir dans sa maison à Césarée. Pierre leur offre l'hospitalité pour la nuit et, le lendemain, dès son lever, il part avec eux. Imaginez le déplacement : Pierre l'apôtre suivant trois laïcs inconnus en direction de la maison d'un autre inconnu, Corneille.

À Césarée, c'est Corneille qui vient à sa rencontre. Comme dans les visites papales, Corneille tombe à ses pieds et se prosterne. Mais Pierre le relève avec ces mots : « Relève-toi ! Comme toi, je suis un homme. » Quelle parole d'égalité du chef des apôtres à un inconnu, d'un croyant à un autre croyant, d'un homme à un homme!

Corneille lui raconte ce qui lui est arrivé, sa vision, pourquoi il l'a envoyé chercher. « Et maintenant, devant Dieu, nous tous sommes là pour écouter ce qui t'a été ordonné par le Seigneur. » Pierre fait alors son discours d'arrivée. Une première encyclique formidable! Pierre est marqué par les événements, par la foule qui se trouve là. Il va changer totalement ses propos d'hier, quand il refusait de manger des animaux de toute la terre. C'était avant l'infaillibilité pontificale, Pierre pouvait changer d'avis. « En vérité, je comprends que Dieu est impartial et que toute nation qui le craint et pratique la justice lui est chère. Il a envoyé aux fils d'Israël un message: l'Évangile de la paix par Jésus Christ, lui qui est le Seigneur de tous. » Il rappelle ensuite « tout ce qui s'est passé dans toute la Judée, depuis le baptême de Jésus par Jean. » « Dieu était avec lui, son passage a été bienfaisant et il a libéré ceux qui vivaient sous la tyrannie de l'Adversaire... Nous sommes ces témoins que Dieu avait désignés par avance: nous avons mangé et bu avec lui après qu'il a été relevé des morts. » Pierre parlait encore quand le Souffle saint est venu sur tous ceux qui l'écoutaient. Les croyants circoncis qui accompagnaient Pierre s'étonnaient que le don du Souffle saint fût aussi fait aux autres peuples. Ils les entendaient parler et célébrer la grandeur de Dieu dans des langues inouïes.

Mais après un pareil discours, revenu à Jérusalem, Pierre est forcé de s'expliquer. Il fut pris à partie: « Tu es allé chez des incirconcis et tu as partagé des repas avec eux. » Il est navrant de voir Pierre obligé d'expliquer sa conduite. Il ne cache pas son refus, après la première vision, de manger de toutes les viandes. Puis il raconte comment et pourquoi il a changé d'avis en arrivant dans la maison de Corneille. Il s'est vu face à l'Esprit de Dieu manifestement agissant chez cet homme et les gens de sa maison. Et Pierre de demander: «Si Dieu leur a fait ce même don qu'à nous qui avons cru au Seigneur Jésus Christ, qui étais-je, moi, pour faire obstacle à Dieu?» L'expression est frappante: ne pas faire obstacle à Dieu, n'est-ce pas la première mission d'une Église?

Sur la route de Joppé à Césarée

Dans cette dernière étape entre Gaza et Césarée, on voit que la route, au départ déserte, est en train de se transformer en une route d'ouverture et d'accueil inattendu et vraiment renversant. On constate que l'Esprit continue de se montrer le maître d'œuvre, l'acteur dominant. On disait précédemment que l'Esprit agit bien au-delà des frontières de l'Église, il agit aussi manifestement à l'intérieur des frontières ecclésiales.

Dans les récits des Actes des apôtres que l'on vient de lire, l'Esprit se montre agissant de manière singulière à travers des croyants ordinaires – on dirait aujourd'hui des laïcs. Après la nouvelle de la guérison du paralysé grabataire, ce sont deux hommes de Joppé qui vont demander à Pierre de venir dans leur village. Et, une fois arrivé, c'est toute la maisonnée de Tabitha qui insiste pour que le Seigneur lui redonne vie, en montrant «les tuniques et les manteaux que faisait cette femme» pour ses bonnes œuvres. Ce sont trois hommes pieux, mais des gens ordinaires, que Corneille dirige vers Joppé pour aller porter à Pierre le message de venir chez lui. Ce sont eux qui prennent Pierre par la main et le conduisent à Césarée. Et Pierre a la simplicité de les suivre. On le voit, dans cette première Église en train de vivre une transition décisive, les laïcs jouent un rôle majeur par leur initiative, leur audace, leur pragmatisme.

Dans l'histoire de l'Église, il y eut ainsi d'autres périodes où les laïcs ont pris une place prépondérante. Qu'on pense aux abbayes et aux moines du haut Moyen Âge. Qu'on pense au jeune François, le petit gars d'Assise, à qui le Christ demande dans une vision de « reconstruire sa maison Église ». Pensons à Claire d'Assise, à Dominique, à Thérèse d'Avila, aux hommes et aux femmes laïques croyants qui sont les icônes majeures de notre temps. En période de transition culturelle majeure, le leadership surgit souvent dans les marges.

Dans le virage que négocie l'Église aujourd'hui, les laïcs sont appelés à jouer un rôle décisif. Déjà, l'Esprit les a fait se lever partout comme les meilleurs signes d'un avenir possible. Dans plusieurs diocèses, le nombre d'agents laïques dépasse le nombre de prêtres. Dans toutes les paroisses, on compte un noyau dur de cent, deux cents, trois cents personnes qui se révèlent les véritables animateurs et animatrices de la vie communautaire. Dans les mouvements spirituels, les laïcs prennent spontanément le leadership de la prière, de la lecture des Écritures, de la direction spirituelle. Cette évolution ne va pas sans créer souvent des problèmes relationnels avec les responsables ordonnés, prêtres et évêques.

Il n'est pas toujours aisé pour les ministres ordonnés d'accepter d'être menés plutôt que de mener. Les tensions sont fréquentes. Pas facile d'exercer le leadership en Église, un leadership basé non sur le pouvoir, mais sur le service. Pas facile de prendre la main que leur tendent les laïcs, ou de se laisser guider par leurs invitations et leurs messages pour aller dans d'autres villes, dans d'autres lieux afin d'y rejoindre « le char » des nouvelles cultures, des nouveaux besoins. Il a fallu l'humilité et la simplicité de Pierre pour accepter d'être ainsi tiré par la main par des inconnus vers les lieux inouïs où l'Esprit l'attendait. Mais pour Pierre aussi le virage s'est avéré ardu et long. On sait que, revenu à Jérusalem, même après avoir défendu sa conduite à Césarée, sous la pression des judaïsants conservateurs, il retomba dans les vieilles habitudes de ne pas prendre certaines viandes interdites. Il faudra qu'il soit durement contesté par Paul pour redevenir fidèle aux propos qu'il tenait à Césarée. Dieu est impartial. Il ne fait pas de distinction entre les personnes. En toute nation, quiconque le craint et pratique la justice trouve accueil auprès de lui.

D'une certaine manière, il faut vivre avec ces inévitables tensions et problèmes relationnels entre ministres ordonnés et laïcs collaborateurs. Notons que ce sont des problèmes d'Église, qui tourmentent souvent de manière exagérée les agents intéressés. On peut vivre sans qu'ils soient résolus pleinement. À condition que l'Évangile ne devienne pas un objet de pouvoir, un pouvoir confisqué par les uns ou par les autres. À condition que l'Évangile ne soit pas enfermé comme un trésor dans une cage étroitement contrôlée. À condition que l'Évangile puisse être porté et manifesté là où l'Esprit de Dieu est déjà à l'œuvre. À condition que l'on puisse poser les questions qui paraissent essentielles à la réception du message évangélique. Cela ne peut se réaliser parfois qu'au prix d'une franche contestation, comme le fit Paul devant Pierre. L'important, c'est que l'Évangile ne devienne pas silence. Ou pur commandement. Alors, tout serait vain.

Un dernier mot au sujet de la route de Gaza et Césarée. À l'instar de la primitive Église que l'on voit apparaître dans les récits des Actes, l'Église qui se profile pour le XXIe siècle paraît devoir être plus prophétique que ministérielle. On voit déjà émerger une Église portée par un Esprit commun, cette communion qui précède tout ministère, qui fonde tout ministère. En dépit des négations, on voit émerger une Église à égalité masculine et féminine. C'est comme une marée irrésistible, en toute conformité avec la première encyclique de Pierre : Dieu ne fait pas de distinction entre les personnes, entre les genres, entre les nations. Cette émergence est typique des nouvelles assemblées d'Église, notamment celle qui se produit lors des Journées mondiales de la jeunesse, ce qui explique d'ailleurs largement leur succès et leur valeur anticipatoire.

Dans cette Église de l'avenir, les ministères seront là, agissants, mais ils ne seront pas premiers ; ils seront manifestement seconds par rapport au fait dominant d'une Église de baptisés qui se lève, qui surgit, qui parle, qui aime et prie son Dieu, qui aime et sert ses frères et sœurs en humanité.

Dans le cours de cette évolution, on découvrira peu à peu une Église qui a moins besoin de prêtres que de prophètes, des prophètes dans tous les ordres et les champs de la vie. Des prophètes, hommes et femmes, qui soient comme des références auxquelles on se rapporte quand on cherche le sens de la vie, quand on cherche à se brancher sur le réseau Évangile. Des « hyperliens » qui nous raccordent à la Vie, à la personne de Jésus. Ainsi, à bien des égards, il importe peu que l'un soit évêque, prêtre ou diacre ; il est tellement plus important que celui-ci ou celle-là parle le langage de l'Évangile et fasse, comme Jésus, toucher et voir les signes de la proximité du royaume.

Dans cette Église émergente, la figure centrale ne sera pas le prêtre mais la communauté. Le prêtre est et restera important pour l'Église en général et les communautés en particulier, indispensable pour le culte. Mais pour sortir de la crise actuelle, il faudra que la communauté redevienne la figure centrale de l'Église. Comme au temps des débuts de la chrétienté.

De même, avec la réduction des effectifs presbytéraux, le prêtre qui se fait rare, habituellement éloigné et distant, est en passe de perdre sa fonction de pasteur présent dans une communauté pour devenir le pasteur itinérant de multiples communautés. Son ministère ressemblera de plus en plus au ministère épiscopal. Il paraît voué à devoir délaisser progressivement la responsabilité directe des paroisses ou des équipes pastorales pour devenir le délégué ou le collaborateur de l'évêque. Le concile Vatican II avait ouvert la voie à cet aspect de la fonction du prêtre «coopérateur de l'ordre épiscopal»; elle est du reste toujours centrale dans le rituel de l'ordination.

C'est ainsi que l'Église apparaîtra de plus en plus comme une maison où il y a d'abord un esprit, une atmosphère. Une maison décloisonnée et moins régie par les ordres habituels, une maison où la parole circule, où la prière sourd de tous les cœurs. Non pas une maison sans ordre. Mais une maison large ouverte, où l'on ne pense pas d'abord à qui précède l'autre, où l'on ne demande pas d'abord: «Qui a le droit?» mais où chacun, chacune cherche avant tout à «manifester l'Esprit en vue du bien de tous» (1 Co 12,7).

On pense ici à la conduite exemplaire de Moïse quand, débordé par ses tâches, il décida de multiplier ses aides ou ses ministres. Il en choisit soixante-dix. De ce nombre, deux étaient absents au jour de l'ordination, les jeunes Eldad et Médad. En conséquence, certains voulaient que ces deux-là soient exclus du service. Moïse refusa tout net en disant: «Comme je souhaiterais plutôt que tout le peuple devienne un peuple de prophètes, sur qui le Seigneur aurait mis son

Esprit » (Nb 11,29). Elie Wiesel commente : « Quel bel exemple pour les leaders politiques ou culturels ! Il ne faut jamais voir en l'autre un adversaire et sûrement pas un rival ! Si tous les hommes et toutes les femmes veulent devenir prophètes, tant mieux pour eux, et tant pis pour ceux qui ont moins d'ambition ! Dans la famille humaine créée par Dieu, il y a de la place pour beaucoup de numéros un [4]... ».

---

4. Elie Wiesel, *op. cit.*, p. 73.

TROISIÈME PARTIE

Un monde en automne

༺ܓ༻

*I*L N'EST PAS FACILE de caractériser l'époque que nous vivons présentement. Bien des commentateurs et analystes s'y essaient. Quand on recueille ce qui s'écrit pour nommer l'époque actuelle, on arrive à un constat très sombre.

Que de souhaits nous avons formulés au tournant de l'an 2000! Seulement quelques années se sont écoulées et les désillusions sont grandes. Le choc du 11 septembre, l'économie défaillante, les rumeurs de guerre, et cet affrontement entre l'islamisme fondamentaliste et l'Occident, qui réveille la vieille faille de l'an 1000... Les mots qui ressortent pour nommer cette période vont à peu près tous dans le même sens: années d'éclatement, de désordre, d'effondrement, années de transition, années démentes, années dures et anxieuses. On parle de fin de l'innocence, de chaos, de fin de l'empire (américain), d'ère de la peur, d'ère postmoderne, postchrétienne, post-11 septembre 2001, etc. On parle de refaire les fondations du monde. Jean-Claude Guillebaud a écrit un livre intitulé *La refondation du monde*, un refondement sur des bases nouvelles: philosophiques, morales, économiques. De même, le titre d'un livre d'un théologien australien, Gerard A. Arbuckle, invite à rien de moins que *Refonder l'Église.*

Il nous manque encore la distance et le recul nécessaires pour faire une juste appréciation de la période présente. Conscient de cette limite, je choisis ici de caractériser ces années par le symbole de l'automne, qui a certes un côté négatif, mais qui a aussi son côté éclatant, doux, prometteur. Car la période actuelle n'est pas à inscrire seulement sous le signe des menaces et des sombres pronostics, elle recèle aussi des promesses et annonce de multiples possibles. Il faut porter sur ces années-ci un jugement plus équitable. Si l'Évangile doit avoir sa place dans la société actuelle, il doit s'efforcer de répondre à la fois aux menaces qui pèsent sur elle et aux possibilités qu'elle présente. À ses débuts, la foi chrétienne s'est diffusée largement dans un monde gréco-romain qui était saturé de dieux et comme sans références. Aujourd'hui, que peut-elle apporter pour le mieux-vivre de nos concitoyens dans la société incertaine et désormais sécularisée qui est la nôtre? La société séculière elle-même nourrit-elle certaines attentes face au christianisme?

Je me limiterai ici à trois énoncés, qui marquent trois traits majeurs de notre temps.

Il y a d'abord la conscience de vivre dans un monde désormais fragile et vulnérable. C'est la fin de nos sécurités et de nos illusions. Cela oblige à un nouveau réalisme.

Il y a partout le souci de la vie entière. Non pas de la vie à moitié, de la « petite vie ». Mais une requête de qualité concernant la vie entière: famille, travail, écologie, économie. Pour chacun et pour tous. C'est ainsi que la pauvreté est devenue insupportable, et la faim, et la négation des droits fondamentaux de l'être humain, et les hypothèques écologiques sur le futur des prochaines générations et de l'univers.

Il y a enfin des sentiers nouveaux qui s'ouvrent, à la fois chargés de promesses et de risques. Ils sont nombreux et se faufilent à travers les diverses révolutions qui se produisent : la révolution économique ou la mondialisation, la révolution informatique, la révolution génétique, la révolution citoyenne. Nous ne soulignerons que trois domaines où notre action peut contribuer à créer un monde plus humain : la confiance à faire aux jeunes, la recherche du bonheur, les appartenances à protéger.

Fragilités

Fragile comme la feuille à l'arbre, la vie...
Félix Leclerc

À L'AUTOMNE, on protège les plants et les arbustes contre les rigueurs de l'hiver. On les abrite sous des toiles de jute et des clôtures. Car tout est si fragile! On voit arriver le froid avec crainte, crainte de la toux et des rhumes. On cherche comment se prémunir contre les rigueurs de l'hiver tout proche. L'automne, c'est novembre, «le mois des morts», qui commence avec la Toussaint en fleurs, mais aussi avec les célébrations enfantines de l'Halloween et ses décors souvent macabres de fantômes, de sorcières et de squelettes... L'automne rappelle toutes nos fragilités.

L'événement capital de ces dernières années, c'est sans contredit le 11 septembre 2001. Ce jour-là, le monde a tremblé jusqu'en ses bases. Bien sûr d'abord et avant tout en Amérique, mais aussi à la grandeur de la planète. À nous, habitants de l'Amérique du Nord, le 11 septembre a fait prendre conscience que notre continent est vulnérable. Jusqu'alors, l'insécurité était ailleurs: dans les pays où les guerres faisaient rage, là où nous étions fiers d'envoyer des casques bleus. La distance nous permettait de croire en la parfaite sécurité. Et voici qu'aujourd'hui l'Amérique construit un arsenal militaire encore plus fort et un bouclier de défense antimissile... pour notre sécurité! Nous voulons demeurer invulnérables parce que nous l'avons toujours été. Nous avons perdu quelque chose depuis l'automne 2001. Une sorte d'innocence première. La peur l'a remplacée. Ajoutons une séquelle aux événements du 11 septembre: la guerre en Irak, qui a redivisé le monde en deux, entre faucons et colombes, et a ébranlé tout le Moyen-Orient, « la zone sismique du monde où tous les grands conflits se jouent en même temps. Religions entre elles, religion contre laïcité, monde déshérité contre monde riche, démographie vieillissante contre démographie prolifique[1]. »

À la suite du 11 septembre et des développements de l'économie internationale, nous avons perdu une autre sécurité. Derrière nos grandes industries, nous nous sentions en parfaite sécurité d'emploi et de revenu. Est arrivé l'Internet qui supprime les distances, est arrivé le réveil industriel des géants que sont la Chine et l'Inde et d'autres pays asiatiques. Nous voici menacés dans notre sécurité matérielle par les délocalisations, quels que soient les dispositions de nos conventions collectives et nos plans mur à mur de sécurité. Nous regardons l'avenir économique avec appréhension.

Nous craignons pour la sécurité de nos mesures sociales, notamment l'assurance-maladie. Nos régimes de retraite sont moins sûrs, en raison du poids relatif des générations et de ce qui s'annonce comme la revanche des nouvelles générations contre les « baby-boomers ». Les jeunes, de moins en moins nombreux, voudront-ils assurer toutes les charges sociales d'une population qui vieillit?

---

1. Edgar Morin, « Pitié pour la planète », *Le Point*, 11 novembre 2004, p. 76.

Notre attachement à la sécurité physique est ébranlé. Il suffit d'une tempête de vent ou de verglas, d'une inondation, d'un tremblement de terre pour voir la fragilité de nos infrastructures. Nous demeurons surtout terriblement fragiles devant les accidents de la vie : maladies, épidémies, échecs, décès. En ce temps de prouesses techniques, on est tout étonné des ratés qui surviennent. On se demande comment cela peut se passer « en notre siècle ». On a la volonté de se protéger de tout, de se barder de toutes les assurances. Et quand la difficulté survient, on voudrait avoir la réponse toute prête. Le *quick fix*, comme disent les Américains. La réponse rapide à tous nos besoins. On voudrait une société du « zéro défaut », à risque nul. Nous sommes devenus obsédés par la sécurité. Tellement obsédés que nous en devenons paranoïaques. La surveillance numérique et biométrique qui se dessine partout accroît l'impression d'insécurité et risque de poser de graves défis vis-à-vis de la démocratie. Il nous faut désormais apprendre à vivre dans un monde fragile et vulnérable. Nous nous croyions partis pour la Terre promise. Or, nous voici habitant le pays de l'ombre et de la peur.

Un récit du livre des Nombres (Nb 13–14)

Rappelons un des nombreux épisodes de la longue marche de quarante ans du peuple juif vers la Terre promise. Fatigué, incertain, le peuple maugrée contre Moïse et rêve de revenir au pays d'Égypte. Le doute et les critiques montent. L'insécurité grandit à la pensée des adversaires qu'il leur faudra bientôt combattre.

Moïse est le chef de cette nation naissante à travers d'infinies difficultés et déceptions qui ont suivi la traversée de la mer Rouge. Chef d'un petit peuple d'esclaves libérés, un peuple migrant et terriblement fragile, perdu au désert pendant quarante ans, hésitant sans cesse entre le passé et l'avenir. Dans la Bible, la vie de Moïse nous est rapportée dans le détail. Il naît en Égypte, au temps des Pharaons et des pyramides.

À sa naissance, il survit par miracle dans une corbeille où on l'a déposé en la laissant dériver dans les eaux du Nil, alors que le pharaon avait ordonné de tuer tous les enfants mâles juifs. Il est cueilli par une princesse égyptienne et élevé ensuite comme un prince au palais royal. Il découvre peu à peu que ses frères juifs sont torturés et assassinés par les forces du pharaon. Prenant un jour la défense d'une victime, il tue un soldat égyptien. Après ce meurtre, il doit prendre la fuite au désert. Il se marie avec la fille d'un prêtre païen, dont il se séparera par la suite. Puis ce sera la rencontre de Dieu au buisson ardent et l'envoi en mission « pour libérer le peuple ». Ce fut la montée de son étoile comme envoyé spécial de Dieu, prophète et commandant d'une armée de libération nationale... Aujourd'hui, en lisant sa biographie, on aurait envie de dire : quelle vie dramatique ! quelle carrière fulgurante ! Et pourtant, elle ne fut pas sans de nombreuses et redoutables difficultés. Plusieurs fois, la tâche qui lui fut confiée lui est apparue trop lourde pour ses épaules : il lui arriva de perdre courage.

Arrive ce moment troublant où le peuple n'en peut plus d'avancer dans l'inconnu. Il se trouve pourtant à la porte de la Terre promise mais encore à conquérir. Moïse décide alors d'envoyer une mission de reconnaissance dans le pays de Canaan. Il dit aux enquêteurs désignés : « Montez par là dans le Néguev dans la montagne. Voyez comment est le pays. Si le peuple qui l'habite est fort ou faible. S'ils sont nombreux. Ou pas. Voyez s'il fait bon vivre dans ce pays. Ou pas. Voyez comment sont les villes. Si ce sont des villages ouverts ou des villes fortifiées. Si le pays est gras ou maigre. Boisé ou pas. Montrez-vous hardis. Prenez des fruits de ce pays. »

Les enquêteurs partirent à la reconnaissance du pays. C'était le temps des premiers raisins. Dans les villes, ils coupent des sarments et prennent des grappes de raisin. Ils cueillent également des grenades et des figues qu'ils emportent sur des bâtons.

Après quarante jours, ils reviennent. Ils se présentent devant Moïse et Aaron et tous les Israélites au désert. Ils livrent leur rapport. À tous, ils montrent les fruits du pays. Ils racontent. Ils s'expliquent : « Nous sommes entrés dans le pays où tu nous as envoyés. Le lait et le miel y coulent vraiment. Voici ses fruits. Mais le peuple qui y habite est puissant. Les villes sont grandes et fortifiées. » Ils ajoutent : « Nous avons même vu les enfants d'Anaq », cette tribu que les Juifs craignent par-dessus tout. Ils ont vu les peuplades qui vivent dans les montagnes. Dans la foule, beaucoup hésitent à croire ce rapport. Trop beau pour être vrai ! Les gens murmurent. Kalev, le chef de mission, fait taire le peuple qui parle contre Moïse. Il déclare : « Nous devons monter. Montons. Nous devons posséder. Nous vaincrons. Nous sommes les plus forts. » Kalev vient de tenir le discours de tous les tenants de la politique de la volonté et de la force. Fonçons, nous vaincrons.

Mais le rapport des enquêteurs n'est pas unanime. Parmi ceux qui ont fait le voyage de reconnaissance, il y a des dissidents. Ceux-là veulent aussi être entendus. Ils présentent à leur tour un rapport défavorable sur le pays qu'ils ont reconnu. « Nous ne pouvons pas affronter ce peuple. Il est plus fort que nous. Ce pays, nous l'avons traversé en reconnaissance. C'est un pays qui dévore ses habitants. Ce peuple, nous l'avons vu. C'est un peuple de géants. Nous avons vu les Nefilim. Les fils d'Anaq descendent d'eux. Nous n'étions à nos propres yeux que des sauterelles. Nous étions des sauterelles à leurs yeux. »

Double rapport, double point de vue. Comme dans toutes les réalités de la vie. La vie est toujours ambiguë. Même dans la Terre promise, le bon et le mauvais poussent ensemble. Comme l'ivraie et le bon grain. Que faire ? Qui croire ?

« Le peuple donne de la voix et cette nuit-là il pleure. Les Israélites récriminent contre Moïse et Aaron. ‹ Que ne sommes-nous morts au pays d'Égypte dans ce désert ? Que ne sommes-nous morts ? Pourquoi Yaweh nous a-t-il conduits dans ce pays ? Nous y périrons par l'épée. Nos femmes et nos enfants seront pris en butin. Ne vaudrait-il pas mieux retourner en Égypte ? › Ils se disent entre eux : ‹ Donnons-nous un chef. Retournons en Égypte. › »

Moïse prend alors la parole : « Ce pays, nous l'avons traversé. Ce pays est bon. Très très. Si Yaweh le veut, il nous conduira dans ce pays et nous le donnera. Ce pays ruisselle de lait et de miel. Ne vous dressez pas contre Yaweh. Ne craignez pas le peuple de ce pays. Nous n'en ferons qu'une bouchée. Leur ombre ne les protège plus. Yaweh est avec nous. Ne craignez rien. » Le discours ne fit pas un grand effet : le peuple voulut le lapider.

Si l'on tentait de faire la même enquête sur le monde qui est le nôtre, sur l'avenir qui s'annonce, quel serait le contenu de notre rapport ? Que dirions-nous des traits majeurs de notre temps ? Des promesses et des frayeurs qu'il recèle ?

Chaque époque a ses fragilités. Ses forces et ses dérives. Ses façons de se dégrader et ses façons de s'épanouir. Chaque époque produit ses fruits merveilleux et ses fruits amers. À chaque époque, il se trouve des gens qui regrettent le temps passé et d'autres qui sont pressés de plonger dans le futur. À chaque époque, il se trouve des chefs qui invitent à aller de l'avant, au nom de la vision qu'ils se font de l'avenir, parfois uniquement au moyen de la force et de la violence du plus fort.

Un monde fragile

Au sujet de l'époque que nous vivons, les analyses et les rapports vont dans tous les sens : du très négatif au très positif. Nous avons des prophètes de malheur et des prophètes de bonheur. Qui faut-il croire ? Il faut entendre les uns et les autres, en s'abstenant probablement de faire totalement confiance aux uns et aux autres. Quelle évaluation faisons-nous nous-mêmes de la situation ? Par-delà la diversité des informations, des jugements et des pronostics, nous sommes appelés à une nouvelle forme de réalisme. Il nous faut avancer dans le brouillard.

Fragilité de l'individu

On décrit souvent l'ère actuelle par un trait : l'individualisme. On dit que la période est narcissique : c'est le temps du chacun-pour-soi, du moi dominant. Chacun vit séparé : séparé des autres, séparé du monde, séparé de soi. On déplore le peu d'intérêt pour la politique, pour le bien commun, pour les grandes causes autrefois portées par les idéologies qui sont mortes. C'est un trait certainement typique de notre temps, mais il est loin d'être exclusif.

Chacun en effet se perçoit aujourd'hui comme individu, comme singulier, personnel. C'est un acquis majeur. Autrefois, on se percevait avant tout comme inscrit dans un ensemble : une famille, un village, un peuple. Aujourd'hui, on est fier de se dire indépendant et libre. Mais il y a un prix à payer pour cette indépendance. L'envers de la médaille, c'est que l'individu n'est pas protégé par une enveloppe très épaisse. Il lui faut pratiquement vivre à nu.

Autrefois, les institutions constituaient un bouclier protecteur. Aujourd'hui, chacun se retrouve seul face à un monde souvent hostile. Avant, tout paraissait défini, aujourd'hui, il faut vivre dans l'indéfini. L'individu est renvoyé à la tâche de construire un sens à son existence. Chacun est renvoyé et livré à sa responsabilité. La société est devenue épuisante pour beaucoup. On note le besoin croissant de médicaments et de prothèses diverses, dont au premier chef les prothèses chimiques (pilules, drogues, alcool), pour supporter les problèmes de l'existence. Les systèmes de croyances se sont effondrés qui servaient jusqu'ici à fonder l'existence. D'où un sentiment de grande précarité individuelle. Cela fragilise surtout les enfants et les personnes âgées, qui sont comme de trop dans une société de production et de rendement.

C'est merveilleux d'être libre et indépendant. Peu de gens voudraient retourner au passé contraignant et souvent étouffant des familles et des réseaux institutionnels serrés d'autrefois. Chacun souhaite être reconnu comme personne. Chacun tient à la liberté d'affirmer son identité, ses valeurs, ses croyances. C'est une conquête formidable. Mais il faut en savoir le prix et les limites.

Plus libres, nous sommes également devenus plus vulnérables. Nous avons du mal à reconnaître cette vulnérabilité. S'accepter vulnérable, c'est se laisser toucher par les événements de la vie. Accepter notre condition blessée. C'est aussi réapprendre le risque, alors qu'on recherche des sécurités sur tout. À vouloir nous prémunir contre tout, nous nous fermons à tout renouvellement. À vouloir avancer munis de toutes les assurances, nous piétinons.

Les valeurs qui font durer

Devant la fragilité ambiante, beaucoup de gens sont conduits aujourd'hui à faire le bilan des valeurs qu'ils portent. Les valeurs, c'est ce qui nous permet de durer à travers nos vies toujours à moitié réussies, à moitié échouées. On mesure l'importance qu'on donne aux valeurs au bout de chemin qu'on est prêt à faire pour les conquérir. Après toutes les promesses et tentatives de libération des dernières décennies, on cherche les secrets durables de la qualité de vie. Après tant de mouvance et de changements rapides, on sent le besoin de s'arrêter, de faire le point, de peser le pour et le contre, de faire le tri entre les valeurs qui font progresser et les valeurs qui font durer. Car ces valeurs diffèrent. Parmi les valeurs qui font progresser, citons la liberté, l'initiative, la nouveauté, la croissance, l'audace, la force, le plaisir. Parmi les valeurs qui font durer, il faut nommer: la solidarité, la patience, la sagesse, l'endurance, la persévérance, la ténacité, l'expérience, la modération, la joie. Il faut ajouter à cette dernière liste les valeurs les plus précieuses, qui sont aussi les plus fragiles: l'amour, la conscience, la beauté. Beaucoup sentent le besoin de «vivre autrement», de mieux concilier progrès et durée. On voudrait se donner les valeurs qui permettent une longue route. On réapprend à aimer ce qui traverse le temps et les vicissitudes de la vie, ce qui dure. Comme dans un jardin, on peut chercher ce qui fait nouveau, ce qui croit rapidement, trouver chaque année des variétés de fleurs nouvelles; mais on peut aussi vouloir y garder, simplement et avec moins d'efforts, la beauté toujours neuve des plantes vivaces, des vieux lilas, des muguets et des immortelles.

En plus des ennemis extérieurs ou des catastrophes naturelles, contre lesquelles nous ne pouvons rien, des ennemis peuvent aussi surgir dans nos propres maisons. Notre recherche de sécurité est peut-être en train de nous étouffer. Comme les mesures de sécurité qui ne cessent de s'accroître en ralentissant les passages aux frontières et l'accès aux avions et autres moyens de transport. Beaucoup sentent qu'il va falloir cultiver tout un ensemble d'autres valeurs pour fonctionner dans le monde émergent : la solidarité entre voisins et entre les peuples, un train de vie plus calme, la simplicité volontaire[2].

La montée du spirituel

Dans le contexte de fragilité et de recherche des valeurs qui font durer, on assiste présentement à une reviviscence du spirituel et du religieux. Parlons d'abord du spirituel, car, même si la foi et la spiritualité se rejoignent dans beaucoup d'esprits, il reste qu'aujourd'hui les gens tiennent à faire la distinction entre les deux.

Par spiritualité, on entend généralement une démarche d'intériorité personnelle qui peut être étrangère ou non à la question de Dieu, reliée ou non à une religion. Par spirituel, on désigne avant tout le fond de l'être, la qualité d'être d'une personne, les valeurs qu'elle porte, le feu ou la foi qui l'anime. Dans la démarche dite spirituelle, « l'individu s'identifie lui-même comme le sujet de sa propre foi et il ouvre ainsi un espace, non défini par d'autres, pour se saisir dans l'intensité de son être. Cette démarche est positive, elle est porteuse

2. Valeur qu'on croit à tort nouvelle, mais qui était déjà prônée par Henri David Thoreau (1817-1862), notamment dans son livre *Walden ou la vie dans les bois*.

d'une dynamique et tire sa force d'une interrogation sur l'existence dont les réponses ne sont pas acquises d'avance. Elle incite à l'invention et conduit à la découverte de ce qui est encore inconnu [3]. » Le spirituel se cantonne donc dans une sphère plutôt subjective, alors que le religieux, on le dira tout de suite après, exprime la confiance du croyant face à une réalité objective au-delà de lui-même.

Il faut être attentif à cette dimension spirituelle que de plus en plus de gens développent. Il y a quelques décennies, les chrétiens cherchaient comment parvenir à relier la foi et la culture séculière, comment parvenir à annoncer la foi à des gens qui ne croient pas. Aujourd'hui, la question s'est inversée. Dans un monde où le spirituel prend une place de plus en plus grande, il ne s'agit plus de se demander que dire ou annoncer à ceux qui ne croient pas. Il convient plutôt de se demander : quelles sont les assises spirituelles des individus ? quelle spiritualité les habite ? Le spirituel nous précède. Ce qui doit nous impressionner avant tout, c'est la qualité d'être des personnes. La foi en Dieu, si jamais elle vient, s'appuiera sur ce fond premier.

En effet, « ce qui demeure premier, quand il s'agit de l'essentiel d'une vie, c'est la qualité des êtres. Quelle que soit l'expression de notre foi – croyante ou incroyante –, chacun de nous est nécessaire à tous les autres, tous indissociables comme la foi et la spiritualité en chacun de nous. Les mots témoignent ici de l'expérience d'humanité qui les a précédés. Je me demande parfois si la communauté des croyants a pris la mesure de tout ce qu'elle doit à l'incroyance. La distinction entre la foi et la spiritualité s'impose alors. Il ne s'agit pas tant, entre hommes de la même humanité, de nous opposer

---

3. Bernard Feillet, « Foi et spiritualité », *Panorama*, juillet-août 2001.

sur la foi que de nous découvrir et de nous accompagner sur
les chemins de la spiritualité. Il semble aujourd'hui qu'au-
delà des frontières de toute religion – et même pour les religions aux frontières balisées comme le judaïsme, le
christianisme et l'islam – l'usage indifférencié de la foi et de
la spiritualité indique que l'homme du XXIᵉ siècle acquiert la
liberté, dans une maturité nouvelle, de se livrer à la découverte en lui-même des vérités inconnues[4]. »

Le réveil du religieux

En même temps que croît l'importance du spirituel, il
existe aussi en notre temps un réveil du religieux. Ce réveil se
manifeste chez certains comme une réaction aux fragilités
contemporaines. Contre l'anomie et l'indéfinition de la
société actuelle, on développe une quête éperdue de liens très
forts : liens de secte, de soumission, d'inscription marquée.
On veut rapidement tirer sur soi la couverture des certitudes
élémentaires. Contre une société jugée « molle » sur le plan
des valeurs, on tient à une religion ferme et dure.

Mais par-delà ces manifestations exacerbées du religieux,
il existe un véritable sursaut des religions qui surprend et qui
étonne. Le réveil de l'islam est particulièrement frappant. On
a tant dit et répété à la fin du siècle dernier que c'était la fin
des religions, que Dieu était mort. Or, il revit de manière surprenante.

Comment expliquer le retour actuel de la religion ? Pour
ce qui concerne l'Europe, Edgar Morin répond : « Pendant
des années, le communisme a été vécu comme une religion de
salut terrestre qui prétendait donner à ses fidèles la plénitude

---

4. *Ibid.*

et qui a pris le relais des conversions au catholicisme par lesquelles on répondait avant lui au nihilisme et au désespoir. La religion communiste a pendant un temps remplacé les religions de salut céleste. S'étant désintégrée, ce sont les anciennes qui reviennent... Toutefois, on n'assiste pas seulement à un retour de la religion, mais, je le redis, au retour du manichéisme de la religion. Les principes d'amour et de miséricorde que contiennent par exemple le christianisme ou l'islam sont aujourd'hui submergés par la haine[5]. » Pour les Nord-Américains, ce réveil du religieux provient surtout de la fatigue et de la lassitude engendrées par le rythme étourdissant de la société d'abondance et l'enchaînement du travail et des loisirs insatisfaisants. On veut arrêter la cadence, ralentir le train, essayer du côté de la religion et de la foi pour trouver les moyens de respirer et de survivre.

Questionné sur la manifestation de la repentance ou des demandes de pardon pour les crimes collectifs qui se mondialise aujourd'hui, le philosophe athée Jacques Derrida expliquait ces phénomènes « d'abord par l'apparition sur la scène mondiale d'un nouveau concept de droit: le crime contre l'humanité. Ensuite, par ce qu'il faut bien appeler la christianisation du monde, alors que tout le monde dit qu'il se déchristianise! Au contraire! Même si le christianisme est en retrait du point de vue des vocations ou de la fréquentation des offices, son point de vue est en train de s'imposer partout, y compris dans les pays qui n'ont jamais subi son influence. Ce discours européen du droit qui devient dominant est porteur d'une culture abrahamique – juive, musulmane, mais surtout chrétienne –, car le pardon est d'abord une notion chrétienne. Quand un ministre japonais demande

5. Edgar Morin, *Le Point*, 11 novembre 2004, p. 76.

pardon, il parle chrétien. Aujourd'hui, la diplomatie, la géopolitique, l'humanitaire ou le droit international sont très clairement d'inspiration chrétienne[6]. » Étonnant de constater que le christianisme, qui est habituellement une cible, devienne aujourd'hui une référence !

Les fragilités ecclésiales

Si le christianisme devient ou redevient une référence, l'Église, elle, reste le plus souvent une cible. Les attaques sont parfois excessives et injustes, elles ne sont pas toujours sans fondement. Car les chrétiens forment et habitent une Église fragile, fragile parce que faite d'humains, fragile parce que faite de pécheurs, fragile comme un peuple livré aux violences de l'histoire. Parler d'Église fragile, humiliée, ce n'est pas manquer de foi. Elle est le Corps fragile du Christ. Les plaies que le ressuscité continue à montrer sont celles de son Corps qui est l'Église.

La fragilité de l'Église a pour nom stérilité. L'Église connaît l'épreuve de ne plus trop savoir comment engendrer la foi. Elle connaît les faibles résultats de la pastorale sacramentelle, des vocations, le vieillissement des communautés. C'est l'humiliation de la stérilité. Il lui faut vivre avec cette fragilité. Ne pas la nier, ne pas se réjouir de la pénurie, mais vivre le désert et la disette comme une grâce. La puissance de Dieu se manifeste au sein de cette précarité.

La fragilité a pour nom insignifiance. On veut dire l'Évangile et on ne trouve pas les mots pertinents. Nous montrons la source qui fait vivre et les gens qui y boivent n'y trouvent guère le goût. L'Église se croyait indispensable et on fait sans

---

6. Jacques Derrida, « Ce que disait Derrida », *Le Point*, 14 octobre 2004, p. 84.

elle. Nous nous croyions compétents et d'autres font mieux que nous... Annoncer l'Évangile est devenu comme au-dessus de nos forces. Les fils d'Anaq sont des géants! Les croyants sont comme des sauterelles! Cette incapacité n'est pas le résultat d'un déni de responsabilité, dû à la tiédeur. Même les compromissions, les erreurs des Églises n'expliquent pas tout. Remarquons que plus personne n'a la prétention de vouloir faire entrer dans l'Église l'humanité entière. On sait désormais que l'humanité entière est déjà le peuple de Dieu. Au sein de cette humanité, l'Église est posée comme le signe du salut pour tous. Mais le signe vacille. Comme dit le psalmiste, attristé: « Nos signes, nul ne les voit, il n'y a plus de prophètes et, parmi nous, nul ne sait jusqu'à quand » (Ps 74,9).

La fragilité n'est pas une fin en soi. On ne peut se complaire dans ces fragilités. L'Église n'est pas appelée à proclamer la résignation devant la fatalité. Mais elle se doit d'entendre la leçon que Dieu lui dicte peut-être à travers ses fragilités. Quand elle perd du terrain, ne doit-elle pas se demander si Dieu ne la conduit pas vers un dépouillement bénéfique? La faiblesse scandaleuse des humains à qui le Christ a confié son Évangile fait partie de l'Évangile.

Au moment de recevoir sa mission, Moïse avait protesté devant Dieu. Il hésitait: « Que dirai-je au peuple? Qui suis-je pour aller vers pharaon et faire sortir d'Égypte les fils d'Israël? » À la fin, sa dernière objection est la suivante: « Seigneur, je ne suis pas un homme de discours, et hier pas plus qu'avant-hier. Parce que moi je suis lourd de bouche et lourd de langue. » Dieu lui répond: « Qui a mis une bouche à l'homme, qui le rend muet ou sourd, voyant ou aveugle, sinon moi, Yaweh. Alors maintenant va! Et moi je serai avec ta bouche, et je t'instruirai de ce que tu diras » (Ex 3,10-11).

Dieu répond à l'homme désespéré. « Et maintenant va, je serai avec ta bouche. » C'est là un passage merveilleux. « Il montre que Dieu ne fait justement pas ce que nous espérons souvent: enlever toute souffrance, faire que le passé n'ait jamais eu lieu, nous débarrasser tout simplement des infirmités de notre vie. Il en est solidaire, et il nous apprend à en devenir solidaires. Et lorsque c'est possible, Dieu commence à parler. À travers ces bouches brisées[7]. »

On a longtemps cru qu'évangéliser, c'était faire entrer dans un système de pensée, apprendre des vérités. C'est précisément cette façon de penser qui devient comme un repoussoir pour les gens. Il faut voir autrement. Évangéliser, c'est avant tout dénouer les tensions, apaiser le cœur. C'est par l'apaisement du cœur que commence à se faire jour la Bonne Nouvelle. L'Évangile aujourd'hui doit pouvoir apaiser le cœur des croyants contre les peurs qui les hantent et les rassurer au cœur de leur insécurité. Insécurité des individus, des familles, des nations. Venir à la foi, c'est sentir se dénouer en soi les tensions et les peurs. À travers l'expérience de l'insécurité et de l'incertitude, il arrive que l'on sente le frôlement d'une brise légère...

---

7. Eugen Drewermann, *L'Église doit-elle mourir?* Stock, 1994, p. 110.

Vie entière

Qui est prêt à sauver un arbre est prêt à sauver un homme.

Proverbe juif

L'automne dévoile la terre nue des jardins et des labours, la terre mouillée qui salit nos chaussures, la terre gelée et dure qui résonne comme le roc. Dans les forêts, il est agréable de marcher sur le tapis de mousses croûtées par le gel qui craquent gentiment sous nos pas. On s'habille des couleurs chaudes de la terre: le brun, le marron, l'ocre, le grège. Comme si on voulait porter sur soi les sous-bois, les feuilles, les champignons d'automne. On veut refléter la saison dans la douceur des chandails et des foulards de laine. On devient la terre, on devient la saison. On se recroqueville dans le cocooning et devant les feux de foyer et on se love dans le plus cher et le plus chaud de la vie.

L'automne dévoile aussi les distances. En défeuillant les arbres, il ouvre les espaces. Les paysages s'élargissent. On voit plus loin, à travers les branches et à travers les haies d'érables et le boisé des parcs.

L'époque que nous vivons se caractérise par l'attention que nous portons à la vie dans sa globalité: à la vie de famille, au travail, à la qualité de vie, aux relations personnelles, à

l'environnement, à la terre. On développe une approche globale, holistique, sur la vie. On voit plus loin. On se reconnaît
plus aisément frère ou sœur des étoiles et des minéraux, fils
ou fille de la terre, solidaire des autres humains, inquiet de
l'avenir écologique de cette planète.

Ce courant vient contrebalancer un autre trait de notre
civilisation qu'on désigne souvent comme «une culture de
mort». On pense à l'avortement, à la contraception, à l'eutha-
nasie, aux suicides assistés ou non, aux violences et aux mas-
sacres de toutes sortes. Il est vrai que cela aussi marque notre
temps. Il y a comme une ombre de mort portée sur tout.
Comme une méfiance face à la vie. Il faut certes dénoncer ces
courants de mort, mais ils ne doivent pas nous empêcher de
constater par ailleurs le souci de la vie entière qui anime
nombre de gens. On veut de la convivialité avec tous les
humains, avec la terre, notre demeure commune.

Cela devient particulièrement évident lorsqu'on regarde
les craintes face aux menaces qui pèsent sur la biosphère. Le
combat écologique est devenu le combat éthique majeur de
notre temps. Les jeunes y sont tout particulièrement sensibles. L'astrophysicien Hubert Reeves dresse ainsi la liste des
menaces et des catastrophes éventuelles qui inquiètent tant:
«... le réchauffement de la planète, l'amincissement de la
couche d'ozone, la pollution des sols, de l'air et de l'eau,
l'épuisement des ressources naturelles, la disparition des
forêts et des zones humides, l'extinction accélérée des espèces
vivantes, l'accumulation démentielle de déchets chimiques et
nucléaires. Notre planète est bien mal en point[1].» Les tâches
de dépollution et de défense de la planète sont immenses. Un
peu comme Noé avant le déluge, nous sommes appelés à cons-

---

1. Hubert Reeves, *Mal de terre*, Seuil, 2003, p. 9-10.

truire l'arche qui protégera la vie, à la différence cependant que, pour nous, les pluies acides sont déjà commencées depuis longtemps.

L'autre problème majeur de notre temps, c'est la conciliation entre les peuples et les cultures. Comment vivre ensemble sur la petite planète? Comment résoudre les conflits familiaux, nationaux, internationaux? Comment établir une paix durable? Lisons un récit de la Bible qui touche à ces questions vieilles comme le monde.

Le récit de Jonas (Jon 1–4)

Le livre de Jonas est peut-être celui qui a le plus marqué les générations de croyants. C'est un « livre attirant, attachant, un des livres les plus originaux de la Bible et l'un des plus commentés, un petit livre plein de grâce et d'humour[2] ». L'histoire de Jonas est connue de tous. On sait moins le sens de ce récit, qui dépasse de beaucoup le prophète jeté à la mer, avalé par une baleine et recraché sur la rive. On ne connaît rien de ce personnage plutôt loufoque. Peut-être a-t-il vécu au temps de l'exil à Babylone, peut-être au temps des persécutions sous les Maccabées. A-t-il vraiment existé? Est-ce seulement un récit fictif? On ne sait pas.

Le midrash de Jonas est un récit particulièrement pertinent pour notre temps. Tout dans ce récit devient prophétique: la mer, le vent, les matelots, le poisson, les insectes piqueurs, les plantes. Dieu parle à et à travers tous ces intervenants, humains, animaux, végétaux. C'est un récit qui met en jeu la création entière. C'est un récit qui ouvre les

---

2. *La Bible, nouvelle traduction*, introduction au livre de Jonas, Bayard, 2001, p. 2837.

horizons sur toutes les nations. C'est un récit où, à la fin, le premier prophète « vert » pleure sur une plante qui se meurt.

Tout commence par une désobéissance. Jonas reçoit de Dieu la mission d'aller vers Ninive. « Lève-toi et va vers Ninive, la ville, la grande, et crie sur elle, car leur méchanceté est montée devant moi. » Pour Jonas, Ninive est aussi mal famée que Sodome et Gomorrhe. De surcroît, la grande ville est une menace constante pour Israël. Pas question pour Jonas d'aller vers Ninive, surtout pas avec un message de conversion, ce qui est totalement impensable. Il ressemble à un chrétien traditionaliste qui serait chargé aujourd'hui d'aller porter l'Évangile dans une métropole moderne qu'il sait d'avance vouée à la perdition. Rien à faire, à cause des modes et des styles de vie de ses habitants. Il n'est que d'attendre la destruction de la grande ville !

Jonas se lève, mais pour fuir en direction opposée, vers Tarsis. Il se hâte de trouver un bateau qui l'y conduira, loin de Ninive, et il paie le prix de la traversée. Vite, le prophète veut échapper à l'appel du Seigneur. Dans la Bible, il est fréquent que les prophètes hésitent à assumer la mission que Dieu veut leur confier. Ils regimbent, ils cherchent des excuses, ils se disent incompétents, incapables, mais à la fin ils acquiescent. Jonas est l'exception. Jamais il n'ira vers une ville d'adversaires et d'impies !

C'est alors que commence la prophétie des éléments naturels. D'abord le vent. « Yaweh lance un grand vent vers la mer. Voici une grande tempête dans la mer et l'embarcation semble vouloir se briser. » Les matelots sont affolés. Comme dans tous les équipages de navire, ces marins sont d'origines diverses, ils viennent de partout. « Les matelots ont peur, ils crient, chacun vers ses dieux.» Ils lancent les ustensiles à la mer pour s'alléger.

Pendant ce temps, que fait le passager Jonas? Il n'est pas sur le pont à lutter contre les éléments et à prier avec les matelots. C'est étrange! Il a peur lui aussi, car il descend dans la cale du bateau. Et dans la cale, que fait-il? Il prie plus fort? Non, «il s'allonge et s'endort». Endormi le prophète, quand le bateau frise la perdition! Le capitaine s'approche de lui et lui dit: «Qu'as-tu, l'endormi? Lève-toi, appelle vers ton dieu. Peut-être agira-t-il en notre faveur? et nous ne serons pas perdus.» Déconcertant, Jonas! ce sont le capitaine et les matelots qui s'affolent et qui prient, et qui doivent réveiller le prophète.

La tempête parle de plus en plus fort, le vent ne faiblit pas. Les matelots se disent entre eux: «‹Allons et faisons tomber les sorts, nous saurons alors de qui vient ce malheur.› Ils font tomber les sorts et tombe le sort sur Jonas.» Alors, ils se mettent à l'interroger. «Raconte-nous, s'il te plaît, toi par qui ce malheur nous vient, quel est ton métier? D'où viens-tu? Quel est ton pays et de quel peuple es-tu?» Jonas répond à la seule question de son identité, celle qui le taraude et l'a conduit jusque dans ce bateau: «Hébreu je suis, je crains Yaweh, Dieu du ciel, lui qui a fait la mer et la terre sèche.» Il reconnaît qu'il est juif, il confesse sa foi en Yaweh. Devant ces marins de toutes nationalités qui luttent pour survivre, remonte à ses yeux, avec les vagues, la mission que Dieu lui destinait à lui, un Juif, d'aller sauver une ville étrangère, de devenir le prophète des autres nations.

Les questions continuent de fuser. «Qu'as-tu fait?» Ils apprennent que Jonas est en fuite, qu'il veut éviter la face de Dieu. Ils lui disent: «‹Qu'allons-nous faire de toi pour que la mer se taise autour de nous?› Au même moment, la mer tempêtait de plus belle.» Respectueux, les matelots ne vont pas condamner eux-mêmes un passager étranger, car ils savent que dans leur métier, en cas de détresse, la vie des passagers vient en premier. C'est Jonas qui fait la suggestion: «Soulevez-moi et lancez-moi à la mer, et la mer se taira autour de vous, car je sais: c'est à cause de moi que cette grande tempête est sur vous.» Les matelots hésitent. Avant de faire le geste irréparable, ils se tournent vers Yaweh et ils prient le Dieu de Jonas. «De grâce, ne nous laisse pas nous perdre en portant atteinte à la personne de cet homme, et ne donne pas sur nous un sang innocent.» Finalement, «ils soulèvent Jonas et le lancent à la mer. Et la mer suspend immédiatement sa colère.» Les matelots, tout pieux, sont pris d'effroi. Ils multiplient les vœux et les prières.

Un autre prophète s'avance, invité par Dieu: le gros poisson. «Et Yaweh invite un grand poisson pour avaler Jonas. Et voici Jonas dans les entrailles du poisson trois jours et trois nuits.» Voici Jonas en méditation dans le ventre de la baleine. Sa prière devient pathétique. C'est la prière de tous ceux qui sont plongés dans des drames ou souffrances qui les dévorent. «Du ventre du shéol, je crie, tu entends ma voix, tu me jettes dans un gouffre au cœur des mers et un fleuve m'entoure, tous tes flots brisants et toutes tes vagues passent sur moi.» Au fond de l'abîme, Jonas descend en lui-même. Et tout remonte de sa vie. «L'abîme m'encercle, les algues s'enroulent comme un turban autour de ma tête... mais de la destruction tu fais remonter ma vie, Yaweh mon Dieu.» Yaweh parla au poisson et il vomit Jonas. Et Jonas se retrouva sur la terre ferme.

Que de gros poissons sont en train de nous avaler! La pollution, les pluies acides, les effets de serre. Que de dégâts, causés par les tempêtes, les ouragans et les inondations, sont les conséquences de la destruction des forêts, de développements anarchiques dans des zones à risque élevé, de la consommation d'énergie de nos industries et de nos voitures. Il n'y a pas que les écologistes qui lancent des SOS. Les arbres jaunis nous le disent, les plantes qui meurent nous le disent, la mer polluée nous le dit, la couche d'ozone trouée nous le dit, les espèces vivantes qui disparaissent nous le disent, la banquise du Nord, avec sa glace pérenne qui joue le rôle de climatiseur pour l'ensemble de la planète et qui fond à un rythme accéléré, nous le dit, les moindres lacs et ruisseaux nous le disent. Il n'est pas loin, le temps où l'eau douce sera un élément plus précieux que l'or. Les prophètes sont partout, dans la vie entière. Pris dans le ventre de ces gros poissons, nous méditons. Toute la vie remonte en nous. Nous reconnaissons qu'il faut changer. «Pitié pour la planète!» disait récemment Edgar Morin, invitant à une éthique planétaire.

Après la retraite forcée de trois jours dans le ventre du poisson, la parole de Dieu fut adressée pour une deuxième fois à Jonas. «Lève-toi et va vers Ninive, la ville, la grande, et appelle sur elle ce grand appel que je dis vers toi.» Cette fois, Jonas n'ose plus protester, il a appris de sa mésaventure. Il se relève et va vers Ninive. Est-il devenu plus confiant? Mieux disposé envers les Ninivites? Prêt à accueillir une conversion possible? Rien de moins sûr. Dans son naufrage, Jonas n'a pas perdu ses préjugés à l'endroit des citoyens de Ninive. Peut-être, se dit-il, aurai-je au moins le secret plaisir d'annoncer la destruction d'une cité adverse et pécheresse. Jonas sait que la ville est grande. Il lui faudra trois jours pour la marcher. Il commence par une première journée au cours de laquelle il fait résonner sa prédiction: «Encore quarante jours et Ninive sera détruite.» Dieu n'avait jamais parlé de quarante jours, mais Jonas a cru bon d'indiquer une date butoir. Le soir venu, il se repose en admirant la ville dont il attend la destruction. Pourvu que sa parole s'avère la bonne ! Pourvu que les menaces de Dieu se réalisent !

Le prophète sera totalement déjoué. Surprise ! Sa parole produit immédiatement de l'effet. « Les gens de Ninive sont attentifs au Dieu, ils décrètent un jeûne, ils s'habillent de sacs pénitentiels, des grands jusqu'aux petits. » Même le roi enlève son manteau, se recouvre d'un sac et s'assoit sur de la cendre. Il ordonne que la repentance touche aussi les animaux : le gros bétail et le petit bétail ne goûteront rien, ne paîtront point et ne se désaltéreront pas d'eau. Incroyable ! La ville entière se convertit. « Ils reviennent de leurs chemins du mal et le dieu regrette le mal qu'il avait envisagé de leur faire. C'est décidé, il ne fera rien. »

Le récit de Jonas ressemble à celui du déluge. Pas seulement parce qu'il est question d'eau et de naufrage. Le mot « Jonas » en hébreu signifie « colombe », à telle enseigne que, dans la traduction nouvelle de la Bible utilisée dans ces pages, le livre de Jonas est intitulé « La colombe ». Le récit de Jonas renvoie de ce fait au chapitre de la Genèse qui raconte le récit de Noé et de son arche affrontés aux eaux qui recouvraient la terre. On sait qu'à la fin du déluge Dieu avait regretté le mal qu'il avait fait à la terre. Il avait alors envoyé la colombe de la paix et l'arc-en-ciel en signe d'une alliance qu'il promettait de ne plus jamais dénoncer. Dieu lui-même se repentait !

Dans le récit de Jonas, Dieu semble avoir oublié sa promesse. Il voue d'abord Ninive à la destruction. Mais Dieu se repent à nouveau, il regrette les menaces qu'il a proférées par Jonas à l'endroit des Ninivites, oubliant le signe de l'arc-en-ciel donné à Noé. À la fin, il prend lui-même la défense des Ninivites contre son prophète qui les boude. C'est ainsi que, malgré lui, Jonas devient comme « la colombe de la paix » du temps de Noé et du déluge. « Pour annoncer la paix, la fin du déluge et des violences, il faut être Jonas, à la fois prophète et colombe, c'est-à-dire accepter les métamorphoses et les changements[3]. »

Déçu du mouvement de conversion dans Ninive, le prophète Jonas monte sur une colline et s'y installe dans une cabane pour assister, dans les prochains jours, à l'anéantissement de la ville. Au bout de quarante jours, rien ne se passe : les Ninivites se sont vraiment repentis et Dieu leur a pardonné. C'est alors que survient un autre prophète invité par Dieu. « Yaweh invite un arbre, un qiqayôn, un ricin, à croître vers le haut, au-dessus de la tête de Jonas, pour être ombre sur sa tête, pour l'ombrer, le sauver de son mal. » Imaginez : un ricin qui pousse en une nuit ! Jonas est tout fier et content de ce ricin qui lui fait de l'ombre et remonte son moral. Pas très grave que Dieu n'ait pas encore détruit la ville... il a donné au moins à son prophète découragé un signe d'encouragement, une ombre protectrice.

Mais voilà qu'intervient encore un autre prophète surgi de la terre. « Dieu invite un ver à la montée du jour le lendemain. Il frappe l'arbre et le qiqayôn se dessèche. » Le ver piqueur a touché les racines de l'arbre qui s'amollit et s'affale sous les yeux de Jonas, aussi vite qu'il a poussé. Ce n'est pas tout. Arrive aussi la chaleur suffocante. « Dieu invite un vent d'est chaud, pesant. Le soleil frappe sur la tête de Jonas. Il s'affaisse, presque évanoui. Il demande pour lui de mourir. Et il dit : ‹ Désirable ma mort plus que ma vie. › » Décidément, Dieu ne ménage pas son prophète Jonas. Le voilà écrasé de soleil, menacé d'insolation. Déprimé, déçu, au bout de ses forces physiques et de ses forces morales, il souhaite mourir.

---

3. *Ibid.*, p. 2838.

Jonas ne va pas mourir sans contester son Dieu. Dieu lui demande : « Est-il juste que tu t'affliges à propos de l'arbre, du qiqayôn ? » Jonas réplique sans hésiter : « Oui, il est juste que je m'afflige jusqu'à la mort. » Il n'est pas le premier prophète à demander la mort. Avant lui, Élie avait eu des crises suicidaires, et aussi le prophète Jérémie. Mais il est d'emblée le premier prophète à être à ce point affecté par la mort d'un arbre.

La réponse de Dieu est admirable. « Tu te soucies de l'arbre, du qiqayôn, pour lequel tu n'as fait aucun effort et que tu n'as pas fait grandir, qui fut en une nuit et en une nuit disparut ! Et moi, je n'aurais pas souci de Ninive, la ville, la grande, dans laquelle il y a plus de douze myriades d'hommes qui ne connaissent pas entre leur droite et leur gauche, et un bétail considérable ? » Le récit se termine par un point d'interrogation. Si Jonas prend la défense du qiqayôn, pourquoi Dieu n'aurait-il pas le souci d'une grande ville, de tous ses habitants et de tout son bétail ?

Décevant Jonas, jusqu'à la fin. Il fait partie de la liste des petits prophètes. Petit prophète en effet, toujours de mauvaise humeur, entêté, toujours contrarié par les événements et contrarié par Dieu. Mais on l'aime comme il est ; il est humain, il ne cache pas son jeu, il lutte avec son Dieu. Même son caractère bourru sert à mettre en relief le message qu'il était censé porter. Pour Jonas comme pour toute personne, il n'est pas facile de sortir de son petit monde, de ses convictions et de ses idées fixes. Pas facile pour un croyant fervent sévère d'accepter que, pour Dieu, il n'est « point de prodigue sans pardon qui le cherche », que pour Lui « rien n'est jamais perdu, nul n'est jamais trop loin, rien n'est jamais fini[4] ». On pense secrètement : Dieu n'est-il pas trop large ? trop prompt

---

4. *Liturgie des heures*, hymne du temps du carême, volume 2, p. 4.

à tout pardonner? Elle est pleine d'une tendresse désarmante, la question que Dieu adresse à Jonas: «Pourquoi n'aurais-je pas souci de Ninive et de toute la création?» Pourquoi ne soucierait-il pas de tous les humains, des bêtes et des plantes, de la vie entière?

C'est ainsi que, malgré lui, Jonas est devenu le prophète des nations et prophète du Dieu de l'univers. Son message universaliste et écologique se révèle tout à fait pertinent pour notre temps. Jonas peut inspirer tous ceux qui ont à cœur la survie du cosmos et de notre petite planète Terre, menacée comme un navire en pleine tempête. Il peut aussi conforter tous ceux qui luttent pour un monde sans frontières entre les cultures, les races et les nationalités.

Le livre de Jonas nous apprend finalement qu'il est possible de revenir d'une mauvaise direction, que tout dans la création est lié, que mille facteurs peuvent contribuer à façonner ou refaçonner l'avenir. «Rien n'est scellé ni immuable: telle est la leçon du livre de Jonas. La volonté divine elle-même peut subir des changements. Tout dépend de l'homme[5].»

La question morale première

La vie entière, la survie de la planète, c'est la question morale de toute première importance. Tout dépend de l'homme! Dans les dernières décennies, la conscience écologique s'est beaucoup éveillée. Mais il reste tant à faire pour respecter vraiment notre terre. Les groupes écologistes ne cessent de redire, par des gestes dramatiques à la manière de Jonas, que la charité aujourd'hui passe par le respect du

5. Elie Wiesel, *op. cit.*, p. 206.

petit ruisseau derrière chez soi, par la canette rapportée dans son sac d'excursion, par le refus d'acheter les aérosols, par la protestation devant les déchets industriels, par l'attention aux arbres. Il faut dire merci à Greenpeace et à tant d'autres groupes écologistes d'être les Jonas de notre temps. « Si vous aimez cette planète... Si vous voulez éviter sa destruction à long terme... Pitié pour notre terre ! »

Edgar Morin note : « On a fait beaucoup de mal à la bio-sphère et on ne peut pas encore savoir s'il est réparable. En tout cas, il n'a aucune chance d'être réparé si nous, pays dits développés, continuons à nous accrocher à la croissance à tout prix. On pense que le chômage ne peut se résorber qu'avec la croissance, ce qui apparaît comme très incertain. Il est absurde de ne pas penser que d'autres types d'emplois puissent être créés pour instiller plus de convivialité dans la société, comme l'aide aux personnes isolées ou démunies, pas seulement matériellement, mais aussi moralement et psychi-quement. Il faut remplacer la croissance et le développement, y compris ‹ durable ›, par une politique de civilisation et une politique de l'humanité. On continue à penser en termes quantitatifs, ‹ plus, plus ›. Il faut remplacer le quantitatif par le qualitatif ‹ moins, mais mieux ›. Ce sont les qualités de la vie – l'amour, l'amitié, la solidarité, la compréhension – qu'il faut développer[6]. »

Il faut prendre très au sérieux cette situation de notre terre. C'est une question de vie ou de mort, pas seulement pour les espèces végétales et animales, mais pour l'humanité elle-même. Certes, il faut accueillir avec discernement les scé-narios catastrophes que présentent parfois les prophètes de malheur, mais il faut prendre acte des nombreuses études et

6. Edgar Morin, *Le Point*, 11 novembre 2004, p. 77.

des rapports de larges équipes de scientifiques qui essaient de mesurer l'ampleur des menaces actuelles. Il convient également de faire grand cas du «principe de précaution». Il ne faut pas attendre d'avoir la preuve irréfutable d'un danger pour s'en protéger, il sera alors trop tard. Comme dit Hubert Reeves: «Si vous voyez de la fumée dans votre cuisine, vous vous alarmerez avant d'avoir la certitude absolue qu'il y a le feu...» Il nous rappelle que les humains sont plus fragiles que beaucoup d'autres formes de vie: «La vie, nous le savons maintenant, est d'une robustesse extraordinaire. Elle continuera à s'adapter et à foisonner comme elle le fait depuis quatre milliards d'années sous des formes d'une variété toujours époustouflante. Mais nous, les humains, sommes beaucoup, beaucoup plus fragiles. Notre survie dépendra des conditions futures à la surface de la planète[7].»

La foi en la création

L'éveil de la conscience écologique a été jusqu'ici un phénomène marquant surtout dans les pays occidentaux. Les pays qui appartenaient autrefois au Pacte de Varsovie se trouvent aujourd'hui face à des villes et des régions très durement frappées par la pollution. Les pays pauvres ou en émergence n'ont pas encore les moyens de lutter contre ce qui les menace tout autant, au fur et à mesure de leur développement.

Étrangement, cette question de l'avenir de la planète émeut trop peu les religions traditionnelles. Les prophètes sont ailleurs, parmi les scientifiques surtout. L'Église catholique, pour sa part, demeure très préoccupée par les questions de morale sexuelle, mais elle paraît peu sensible aux questions qui pourraient un jour rendre la planète

7. Hubert Reeves, *op. cit.*, p. 11.

inhabitable pour nos descendants. Elle demeure trop canton-
née dans le mystère de la rédemption et pas assez dans le mystère de la création. La situation présente l'invite à retrouver le
sens de la création première. L'œuvre de Dieu commence là.
Les gens habitent le monde créé. Être croyant, n'est-ce pas
commencer par dire : « Je crois en Dieu, créateur du ciel et de
la terre » ? Je crois au Dieu des nations, au Dieu de l'univers
cosmique. On aimerait réentendre aujourd'hui pour notre
monde la parole que Dieu disait à Jonas : « Et moi, je n'aurais
pas souci de cette planète sur laquelle il y a des milliards
d'humains qui ne connaissent pas entre leur droite et leur
gauche, et de cet univers immense et fantastique ? »

Le livre de Jonas, qui fait tant de place à tout ce qui constitue notre environnement – plantes, vent, mer, animaux,
soleil –, incite à devenir attentif aux moindres détails de la
vie, attentif à la vie entière. Ce que suggère également le
souci écologique : il faut penser globalement, agir localement.
Ce que pratiquent quotidiennement les écrivains attentifs à la
plus humble des présences. L'auteur Pierre Morency écrit :
« Jamais je n'arriverais à rien écrire de vivant si je ne savais
voir ce qui se vit dans la plus humble présence, dans l'objet le
plus usuel, le plus banal, dans la réalité la plus ordinaire
offerte par notre destin de chaque jour. Comment dire le
large si on ne connaît pas l'étroit ? Comment révéler le lointain sans montrer le proche ? Comment peut-on rendre, par
l'art, les grands sentiments de l'existence humaine, les questions qui agitent les profondeurs, les lignes de force du tissu
social, comment rendre les premiers mouvements de l'âme si
l'on n'a pas su porter un regard enchanté et presque bienveil-
lant sur la plus simple manifestation de la vie autour de
soi[8] ? »

---

8. Pierre Morency, *op. cit.*, p. 82.

La création reste le premier livre grand ouvert de la révélation du Dieu des croyants, le Dieu de l'univers. Dès lors, il n'est pas étonnant de voir Christian Bobin, à la fois inspiré par la foi chrétienne et portant un regard enchanté sur le moindre petit fait de vie, sur les animaux, sur les plantes, sur la terre, oser écrire : « J'ai trouvé Dieu dans les flaques d'eau, dans le parfum du chèvrefeuille, dans la pureté de certains livres et même chez des athées. Je ne l'ai presque jamais trouvé chez ceux dont le métier est d'en parler[9]. »

Un monde sans frontières

Christian, un jeune de 26 ans, brillant universitaire, aujourd'hui engagé auprès des jeunes délaissés des bidonvilles de Lima au Pérou, déclarait fièrement, en recevant une bourse d'études : « Je suis un Terrien avant d'être de quelque société que ce soit. » Ce jeune disait l'expérience de tant d'autres jeunes aujourd'hui dispersés aux quatre coins du monde, engagés dans de multiples projets d'aide, de développement, de recherche. Des jeunes « sans frontières », qui voient loin, qui osent rêver d'un monde différent, on pourrait dire des jeunes vraiment « catholiques », suivant le sens premier de ce qualificatif qui veut dire *universel*. Des jeunes qui ont souvent donné une toute nouvelle orientation à leur vie, que les bateaux et les avions ont portés sur toutes les rives du monde. Des jeunes désireux d'arracher la terre aux « gros poissons » qui l'ont avalée et l'avalent quotidiennement : la faim, la pauvreté, les maladies, le manque d'instruction, la corruption, etc. Ce sont d'abord des Terriens, sœurs et frères en humanité, sans distinction. Qu'elle est belle, cette confession d'universalité !

9. Christian Bobin, *Ressusciter*, p. 60.

Un monde sans frontières: c'est la découverte que Jonas a faite sur le bateau avec son équipage cosmopolite. C'est surtout ce qu'il a appris dans la ville de Ninive. On ne sait pas ce qui lui est arrivé après les quarante jours d'attente d'une destruction qui n'est pas venue. S'est-il retrouvé en Israël parmi ses frères juifs? On imagine qu'il devait avoir changé quelque peu sa vision des autres peuples, des autres nations. Il devait demeurer étonné de tout ce que l'Esprit de Dieu peut accomplir dans les cultures apparemment très éloignées de la foi. Le livre de Jonas n'est pas qu'un livre écologique. C'est aussi un livre œcuménique, universaliste. Il donne à penser qu'il faut peut-être que les religions soient immergées dans les drames présents pour être relancées sur d'autres rivages, où elles feront la découverte d'un autre monde, d'une vision plus large, sans frontières.

Il n'y a pas que des mauvaises nouvelles en matière d'écologie. Là aussi, rien n'est jamais perdu. La mobilisation croissante a déjà produit des gains significatifs, notamment en ce qui concerne la réduction des gaz à effet de serre: réduction du plomb dans l'essence, réduction d'émission de gaz carbonique dans nombre de cheminées d'industries, signature par de nombreux pays du protocole de Kyoto qui entend ramener la production de gaz à effet de serre au niveau de 1990. Il y a un élément positif dans la crise écologique que traverse le monde actuel. Hubert Reeves l'exprime ainsi, en conclusion de son livre *Mal de terre*: «Dans la tempête, quand le navire menace de sombrer, les marins, oubliant leurs conflits et leurs querelles, s'unissent pour tenter de sauver le navire. La mobilisation humaine qui prend de l'essor aujourd'hui à l'échelle planétaire est déjà un élément positif de la crise contemporaine. Prendre conscience de cette insertion des êtres humains dans cette odyssée cosmique donne un sens profond à l'existence. Après la disparition des idéologies sociales du xxe siècle, cette nouvelle cause est susceptible d'engendrer de nouveaux dynamismes, en particulier chez les jeunes. Elle provoquera, espérons-le, une prise de conscience de notre identité de Terriens, bien au-delà des nationalismes, des racismes et des sexismes. La complexité et l'intelligence peuvent être viables. Cela dépend de nous ! C'est là un message capital pour les générations à venir [10]. »

10. Hubert Reeves, *op. cit.*, p. 219-220.

Terrains nouveaux

Là où croît le péril
croît aussi ce qui sauve.
Friedrich Hölderlin

Rien de plus agréable et insolite, à l'automne, que de planter les bulbes de tulipes, de narcisses et de jacinthes en prévision du printemps prochain. La terre est froide, tout est dénudé, et l'on enterre ces bulbes dans un geste de totale espérance. On rêve déjà des jours d'avril où les perce-neige défieront, les premiers, les siècles de l'hiver. On rêve de semailles et de plates-bandes en fleurs. On fait des plans pour la saison future. L'automne est une saison tendue vers l'avenir. C'est à l'automne que se forment les bourgeons qui éclateront au soleil de mars et d'avril.

Dans l'automne que vit le monde, la liste des menaces est connue. Ce sont les mauvaises nouvelles qui font les manchettes tous les soirs au téléjournal. La réflexion philosophique, les analyses sociologiques et les médias nous accablent d'images et de discours sur le malheur. Il faut dire que la période présente n'est pas particulièrement réjouissante, que manquent les figures de leaders inspirants, que tout est devenu terriblement complexe. L'air du temps est triste, souvent déprimant. C'est la grisaille. Il faut cependant dépasser cette première impression, comme nous y invite l'historien Jean Delumeau. « Cette fixation sur le mal ne correspond pas exactement à notre vie quotidienne. Changeons de lunettes ! Le bien existe. Le quotidien est fait de dévouements obscurs. Pourquoi en parle-t-on si peu au journal télévisé ? On entend l'arbre qu'on abat, mais on n'entend pas la forêt qui pousse, dit un proverbe africain. Peut-on inverser la proposition[1] ? » Oui, il faut faire un effort pour dépasser les tristes manchettes. S'il faut nommer les menaces qui pèsent sur notre monde, il faut aussi voir les bourgeons qui préparent l'avenir. Les bourgeons sont silencieux.

Il faut, allons-nous dire dans ce dernier chapitre, préparer les terrains nouveaux, planter aujourd'hui ce qui lèvera demain, appuyer ce qui lève déjà. Les avenues de renouveau sont multiples.

Au ras de la vie quotidienne, à la maison, en famille, au travail, on cherche comment mieux concilier les rôles, les tâches, les horaires, pour une vie plus humaine, mieux équilibrée, plus heureuse. Dans le domaine de la vie sociale et associative, on parle de révolution citoyenne et de participation accrue aux débats et aux choix de société. Déferlent sur toutes les sociétés la révolution informatique, les risques et les chances de la mondialisation. Nous sommes encore bien loin d'un nouvel ordre économique international, mais les protestations des résistants de toute allégeance – groupes pacifistes, écologistes, altermondialistes – ébranlent peu à peu les maîtres du monde et de l'économie. La paix est loin d'être acquise, mais jamais les droits humains n'ont été aussi invoqués, réclamés, défendus. Il y a la recherche nouvelle

---

1. Jean Delumeau, « Entretien avec Jean Delumeau », *Le Point*, 18 novembre 2004, p. 72.

d'un droit de protection et d'intervention dans les pays aux prises avec une crise humanitaire. On assiste à l'émergence de droits nouveaux à travers contestations, résistances et rejets: citons le droit à l'avortement, le droit à un environnement sain, le droit au mariage entre conjoints de même sexe. À leur première affirmation, ces droits nouveaux paraissent souvent excessifs et promus d'une manière trop insistante, parfois tonitruante. Ils dérangent, ils choquent même. Ils naissent dans le contexte des sociétés civiles séculières, loin des philosophies anciennes, loin surtout du giron des religions qui s'y opposent et souvent les combattent. Mais force est de constater que, dans l'opinion publique, ils sont largement perçus et acceptés comme des règles d'une société plus démocratique et plus humaine.

Pour les Églises elles-mêmes, plongées en automne, le temps est propice à l'investissement dans les terrains nouveaux. Elles s'y occupent déjà de mille manières. On ne compte plus les initiatives de tous ordres: multiplication des entreprises de secours, de charité, d'entraide, de soutien; foisonnement des mouvements spirituels et des lieux de ressourcement; efforts de reconversion des équipements et des parcs religieux immobiliers pour les ouvrir à des missions communautaires, culturelles et cultuelles nouvelles. La question qui se pose est la suivante: quels chantiers novateurs pourraient mobiliser des forces neuves? Comment utiliser au mieux les forces qui restent, en acceptant de ne pas s'en tenir aux convictions et aux pratiques du passé, en tenant compte des ruptures culturelles survenues? On se redit: chaque fois que l'on ferme une église, il faudrait en profiter pour faire apparaître un investissement nouveau. Des communautés religieuses vieillissantes l'ont bien compris, qui investissent une bonne part de leurs ressources dans divers projets de renouveau. Condamnées à disparaître, elles tiennent à donner le témoignage du terrain qu'on achète en signe d'espérance.

C'est ainsi qu'agissait le prophète Jérémie, au temps de la déroute d'Israël devant les armées de Nabuchodonosor, le roi de Babylone. À première vue, ce prophète est sombre, même très sombre. Il doit sonner l'alarme pour la vie et la survie de son peuple. En même temps, il est porté par un tel élan d'espérance! C'est lui qui, en pleine débâcle de sa ville, Jérusalem, ira y acheter un terrain nouveau.

Le récit de Jérémie

Jérémie est tout jeune, dans la vingtaine. Le pays est divisé, terriblement fragile, coincé entre Babylone et l'Égypte, au bord de la déroute, juste avant l'exil (vers 598 avant notre ère). Or, voici Jérémie appelé par Dieu pour une incroyable vocation: «Je te fais prophète des nations.» Jérémie ne veut rien entendre d'un rôle pareil. «Non, réplique-t-il, je suis trop jeune. Je ne sais pas parler.» Dieu n'écoute pas ses protestations. «Ton âge? C'est sans importance. Je t'ai choisi depuis ta naissance! Tu ne sais pas parler? Tiens, je touche ta bouche, je mets mes paroles dans ta bouche. Regarde, je t'établis ce jour sur les nations et les royaumes, pour arracher et pour démolir, pour détruire et pour briser, pour bâtir et pour planter» (Jr 1,5-10). C'est ainsi que Jérémie se fait voler sa jeunesse – on pourrait dire toute sa vie. Il deviendra le prophète des démolitions tragiques et des plantations imprévues. Dans ses périodes de dépression, il reviendra sur ce choix de Dieu qui a bousculé son existence et lui attirera tant de problèmes et de malédictions. Un jour, il dira: «Tu as voulu m'abuser, Yaweh, et j'ai été abusé. Tu es plus fort que je ne le suis, et tu as réussi... Maudit le jour qui m'a vu naître! Le

jour où ma mère m'a enfanté, que rien ne le bénisse!»
(Jr 20,7.14).

C'est le printemps. Jérémie se tient sur le seuil de sa maison. Vient à lui la Parole de Dieu: «Jérémie, que vois-tu?» Jérémie répond: «Je vois la branche de l'amandier.» L'amandier est en fleur; c'est le premier arbuste à fleurir au printemps. Yaweh lui dit: «Tu vois bien, parce que je veille sur ma parole et ainsi elle agit.» Annonce de renouveau assuré, de bourgeonnements à venir.

Vient à lui la Parole de Dieu une seconde fois: «Que vois-tu?» Du côté nord, Jérémie aperçoit un nuage menaçant. «Je vois une marmite bouillante à la gueule qui s'ouvre.» Yaweh confirme: «Du côté du nord s'ouvre le malheur sur tous les habitants de ce pays.» C'est l'annonce de la destruction à venir. Les pires drames vont bientôt fondre sur Israël. Nabuchodonosor menace par le nord, il mettra Jérusalem en ruines, il détruira le temple, le peuple sera traîné en exil.

Pauvre Jérémie, il sera bien plus le prophète des nuages de sang et de feu que de l'amandier en fleur. Incompris, détesté, emprisonné, homme de contradictions, porteur de mauvaises nouvelles, il sera une victime toute sa vie. «Son existence fut vide de joie. Sans surprises agréables ni rencontres chaleureuses. Seulement la tristesse, l'angoisse et la douleur. Des paroles de colère et de malheur – prononcées à contrecœur. Il aurait préféré dire autre chose, vivre comme un homme normal et sociable, traitant de problèmes humains relevant du quotidien et non de mort et d'éternité; mais il n'avait pas le choix. Il a survécu à cinq rois de Judée et d'Israël, et vu, de ses propres yeux, la destruction du temple et l'exil de Jérusalem. Et il a su trouver les mots pour les raconter alors qu'il s'était battu pour éviter l'une et l'autre[2]. »

De tous les prophètes, il est le seul à avoir vécu les événements qu'il avait prédits en paroles et en gestes. En gestes surtout. Des gestes dramatiques. Des gestes « médiatiques », dirions-nous aujourd'hui. Lui qui ne savait pas parler savait utiliser le langage des symboles et les effets dramatiques.

Un jour, il s'achète une cruche en terre et va la briser en plein centre-ville. « Ainsi, je briserai ce peuple et cette ville, comme on brise la cruche en terre du potier, et rien qui puisse la recoller ! » Un autre jour, il s'avance devant tout le peuple avec une coupe de vin à la main. « Buvez, jusqu'à tituber et délirer devant l'épée que Dieu envoie parmi vous. » Il s'achète une ceinture de lin et la met sur ses reins, puis la cache dans la fissure d'un rocher. Il retourne par la suite pour récupérer la ceinture : elle était toute pourrie, elle n'était plus bonne à rien. « Ainsi, je pourrirai l'orgueil de Juda et la grande fierté de Jérusalem » (Jr 13,9). Un jour, Jérémie est en ville, devant la boutique d'un potier qui travaille à son tour. Il le voit rejeter les morceaux d'argile gâchée dans ses mains. Pour ensuite recommencer et former un autre plat. Et Jérémie de prophétiser sur-le-champ le rejet d'Israël : « Ô maison d'Israël, je ne pourrais pas faire de vous comme ce que forme ce potier ? Regarde, comme l'argile que forme la main du potier, ainsi il en va de vous dans ma main, maison d'Israël » (Jr 18,1-6).

Son geste le plus significatif fut de racheter le champ de son oncle alors même que Jérusalem est sur le point de tomber aux mains de Nabuchodonosor. Le champ, situé à Anatôt, en banlieue de Jérusalem, paraît comme un bien de

---

2. Elie Wiesel, *op. cit.*, p. 251.

famille à préserver même à l'heure où tout s'effondre: il y aura un avenir! De manière tout à fait ostentatoire, il fait préparer tous les documents officiels. On les signe devant témoins. « Prends ces documents, l'acte d'achat, tant le rouleau que sa copie publique, et mets-les dans une jarre de terre cuite, pour qu'ils durent longtemps. Parce qu'ainsi parle Yaweh, Dieu d'Israël: les maisons, les champs et les vignes de ce pays, on les achètera encore! » (Jr 32,14-15). C'est ainsi qu'au milieu des ruines il achète un terrain. Geste d'espérance têtue, irrépressible.

Les événements que Jérémie avait prévus étaient tellement décourageants que ses contemporains ont eu peine à voir chez lui le prophète des retournements de situation et de l'amandier en fleur. Il est resté le prophète de malheur. Bien sûr, il avait prévu le pire, la ruine de Jérusalem et l'exil. Bien sûr, il a toujours refusé de faire croire que cet exil serait bref. Alors que les prophètes de la facilité et de la complaisance disaient: « Ce n'est qu'un moment à passer... Il faut laisser tourner la roue... », lui, Jérémie, prophétisait un exil prolongé. Aux premiers déportés, il écrit: « Ce sera long, bâtissez-vous maisons et habitez-les, plantez des jardins et mangez-en les fruits » (Jr 29,28).

Pourtant, il annonçait tout aussi fermement le retour futur que les drames prochains. « Les rescapés d'Israël! Regarde, je les ramène du pays du nord, je les fais revenir des confins de la terre... Celui qui a dispersé Israël le rassemble, il en prend soin comme le berger son troupeau » (Jr 31,8.10). « Espère pour le futur. Tes enfants reviendront dans leurs frontières » (Jr 31,17). « Israël va vers son rajeunissement... De nouveau, tu planteras des vergers sur les monts de Samarie » (Jr 31,1.5).

Jérémie, c'est le prophète des catastrophes, mais aussi des revirements à venir. De la marmite bouillante et de l'amandier qui bourgeonne. On a trop retenu ses plaintes sur le présent, on n'a pas suffisamment prêté l'oreille à ses promesses pour l'avenir.

Pour ce qui est de notre temps, il convient de dépasser les « jérémiades », les plaintes incessantes sur un monde que l'on est porté à voir tout sombre. Il faut plutôt chercher à répondre à la question posée à Jérémie : « Que vois-tu ? » Que voyons-nous advenir dans le monde qui est le nôtre ? Où sont les menaces ? Où sont les bourgeons ? Quels sont les terrains nouveaux dans lesquels il convient d'investir ?

Je vais me limiter à évoquer trois aspects ou trois terrains du monde actuel qui se présentent comme des lieux de défis, des lieux chargés tout à la fois d'attentes, d'inquiétudes et de possibilités d'avenir. Il sera question des jeunes, de la recherche du bonheur et des appartenances aujourd'hui menacées.

La confiance envers les jeunes

Un grand nombre de jeunes aujourd'hui sont inquiets. Inquiets de leur avenir, en commençant par leur avenir professionnel. Inquiets de leurs amours, devant la multiplication des familles éclatées et reconstituées. Ils sont touchés de plein fouet par le divorce de leurs parents. Ils sont plongés, eux aussi, dans un style de vie essoufflant, stressé, encombré, bouleversé. Ils sont également inquiets de l'avenir du monde : pollution, compétition partout, guerres ouvertes ou larvées, délocalisations et pertes d'emploi, les pauvres du monde qui frappent aux frontières. Faut-il s'étonner qu'ils se sentent fragiles ?

Les jeunes d'aujourd'hui sont nés au temps de la prospérité et de l'abondance. Or, voici qu'ils grandissent et arrivent à majorité au temps des compressions et des économies exténuantes. Leurs parents étaient passés de l'austérité à l'abondance. Eux doivent faire le chemin inverse: passer de l'abondance à l'austérité. Ils hésitent, ils éprouvent le malaise de se trouver aux premières lignes d'une nouvelle frontière: la frontière d'un nouvel ordre économique et social mondial qui se profile à travers les contradictions et les soubresauts actuels, une frontière qui leur échappe et nous échappe, au-delà de toutes les prévisions et pronostics. Ils sont les fils et les filles d'une société où il n'y a plus guère d'appartenances stables, ces appartenances qui peuvent limiter et emprisonner, parfois, mais qui également encadrent, protègent, soutiennent et nourrissent le cœur et la mémoire. D'où leur fragilité affective, peut-être plus marquée que dans le passé. Ils grandissent dans un monde où toutes les valeurs sont mouvantes, où tout s'affiche, comme dans les rues de nos villes, valeurs et contre-valeurs, qualité et pacotille. Ils sont comme des nageurs entraînés dans les remous des courants et contre-courants. Il leur faut développer un sens aigu de l'équilibre et de la direction.

Dans la société affluente et épuisée qui est la nôtre, les jeunes ont souvent le sentiment qu'il n'y a pas de place pour eux. Ils se sentent comme «superflus». Ils sont de trop. De trop dans l'horaire surchargé de leurs parents. De trop dans l'organisation et les filières scolaires. De trop dans le marché sursaturé de l'emploi. De trop dans les rues étroites des villes. De trop dans le fonctionnement de la politique. De trop dans la vie des Églises. De trop, et seuls, dans les préoccupations ordinaires de la société des adultes.

Cela dit, même au cœur de ces inquiétudes et menaces, les jeunes sont pleins de santé, physique, psychologique, morale. Il ne s'agit pas d'une impression superficielle, il s'agit d'une sorte de contagion qui vient des jeunes eux-mêmes. Leur dynamisme est contagieux. En dépit de toutes les images qu'on véhicule à leur sujet, les jeunes respirent la santé et l'élan de vivre. Ils s'ouvrent au monde avec confiance, même s'ils savent que la vie peut être dure. Ils voient avec des yeux neufs, des yeux critiques, mais qui ne sont pas blasés. Ils sont sains. Bien sûr, il y a des enfants victimes, orphelins, abandonnés, mal nourris; il y a des jeunes qui décrochent, des jeunes délinquants, des jeunes qui se droguent, des jeunes qui se suicident. Cela est troublant. Insoutenable. Cela exige des engagements résolus, des secours et redressements immédiats. Mais ce serait une erreur d'en venir à penser que la majorité des jeunes connaissent ces graves difficultés et sont traumatisés. Même ceux et celles que la vie a blessés et qui grandissent dans des conditions pénibles demeurent étonnamment vivaces, comme de jeunes plants incroyablement résistants, prêts à resurgir, dès que la chance leur en est donnée.

Quand on côtoie les jeunes de près, on reste émerveillé de voir chez eux tant de talents variés : en science, en musique, en expression littéraire, en théâtre, en informatique, en sport, en activités communautaires (vie scolaire, aide au tiers-monde, bénévolat, mouvements spirituels et religieux). Tant de jeunes qui se présentent bien, qui s'expriment librement, qui ont de la fierté, qui sont créatifs, qui sont beaux ! On serait injuste envers les jeunes si on allait les percevoir sans cesse dans l'horizon sombre d'un drame, d'un désarroi généralisé, bref sous un jour négatif. Les jeunes eux-mêmes nous pressent de les aborder avec un œil plus favorable, plus espérant. Ils veulent découvrir le monde autrement que sous le signe des avertissements et des menaces. Ils n'ont que faire des images dominantes et plutôt désabusées d'un monde fatigué, quasi crépusculaire. Ils veulent découvrir le monde sous le signe de ses possibilités, un monde qui s'ouvre.

À ces jeunes en santé, une première réponse s'impose : leur faire confiance. Leur donner du champ. Les associer à des projets. Leur lancer des défis exigeants. Affrontés aux défis, ils développent des savoir-faire, ils forgent leur caractère, ils s'ouvrent au monde et à l'international, ils apprennent l'audace et la persévérance, ils prennent des risques, ils inventent. Ils ne se font pas prier pour participer à des projets sérieux, motivants, concrets. Ce qui manque, ce sont les appels, les marques de réelle confiance, les possibilités concrètes de mettre eux-mêmes sur pied des projets, d'en prendre la responsabilité.

Dans un rapport sur la place de la jeunesse dans la société, on proposait une clé toute simple pour conforter les jeunes dans l'estime de soi et la confiance. « Pour arriver à ce qu'un enfant soit fier de lui-même, il y a un truc formidable : il faut qu'il puisse compter sur au moins un adulte qui l'accepte tel qu'il est, avec ses qualités et ses défauts. Il est important que chaque enfant, chaque jeune puisse compter sur la présence d'un adulte attentif, aimant et fou de lui [3]. » Point n'est besoin donc d'avoir toujours père et mère exemplaires et des éducateurs qui seraient tous excellents. Il suffit d'une personne qui fait réellement confiance...

---

3. *Un Québec fou de ses enfants : rapport du groupe de travail pour les jeunes,* Gouvernement du Québec, ministère de la Santé et des services sociaux, Québec, 1991, 179 p.

Il est réconfortant de noter que, dans la Bible et dans l'histoire de la chrétienté, Dieu fait souvent à appel à des jeunes pour des missions incroyables. Moïse, David, Jérémie, Daniel, Joseph et Marie, Augustin, François et Claire d'Assise, Thérèse de Lisieux. Il ne se laisse arrêter ni par leur timidité, ni par leur manque d'expérience, ni par leur incapacité de parler. Il les envoie... Il sera avec eux pour les accompagner.

Les jeunes ne sentent pas, dans l'Église actuelle, une parole à eux adressée, une invitation à eux lancée, une passion sur eux portée. Ils ne sont ni suffisamment invités par la foi ni suffisamment surpris par elle. Or, la foi commence toujours par un étonnement, par une invitation surprenante. Dans les récits évangéliques, le contact initial avec les premiers disciples a commencé ainsi: «Venez et vous verrez» (Jn 1,39). Nous avons peine à inviter les jeunes à venir voir. Nous craignons et nous avons raison de craindre qu'ils soient déçus. On a plutôt l'impression que l'Église leur dit: «Venez dans notre vieille maison, peu à peu vous vous y habituerez.» Or, dans cette vieille maison, les jeunes ne viendront pas et ils s'y habitueront encore moins. C'est à l'Église d'aller là où, pour les jeunes, s'amorcent les chemins du spirituel et de la foi. Il ne s'agit pas de «faire jeune» ou de se mettre à la mode des jeunes, ce qui nous ferait perdre toute crédibilité à leurs yeux. Il s'agit bien de sortir des sentiers battus pour répondre aux exigences de l'Évangile, pour aller «aux places d'où partent les chemins» (Mt 22,8). La foi n'est accessible que si elle se propose comme une invitation à découvrir. Comme une invitation à chercher ensemble. Tant que les jeunes percevront la foi comme un enseignement et des pratiques fixés depuis toujours, comme un paquet tout ficelé qu'on veut leur passer, ils vont dire non.

Il va falloir apprendre non seulement à parler des jeunes et aux jeunes, mais aussi à converser avec eux. Ce dialogue entre les générations est probablement une voie d'avenir et de salut. Il va falloir que jeunes et moins jeunes se retrouvent ensemble, pas d'abord pour parler de religion ou seulement de religion, mais pour échanger sur ce qui fait vivre, ce qui empêche de vivre, ce que nous aimerions vivre. Alors, chacun se retrouvera au départ des chemins, au départ de la foi. Car la foi n'est pas une série de vérités abstraites qu'il faudrait répéter. Elle est avant tout force de vie, énergie pour vivre.

La chance d'avenir de l'Église avec les jeunes, c'est de faire naître des lieux où la foi pourrait se vivre et se dire autrement. Les Journées mondiales de la jeunesse constituent à cet égard une réalisation exemplaire, où se conjuguent étonnamment la force médiatique d'un pape vieillissant et la vitalité de millions de jeunes. Les jeunes sont attirés par l'expérience globale qui leur est offerte : le voyage, l'exotisme, le grand rassemblement, la Parole en plein air, la présence du pape, la musique, la prière, une liturgie qui parle aux sens, la fraternité entre gens de toute la Terre. Le pape leur dit qu'il leur confie l'avenir de la planète. Qu'ils doivent être dans le monde les « sentinelles du matin ». Les jeunes sont ravis de cette marque de confiance.

Dans ce genre d'événement et dans ce dialogue confiant entre générations, on découvre que les jeunes sont plus sensibles aux expériences de vie qu'aux énoncés de vérités. Plus sensibles aux témoignages qu'aux enseignements. Plus intéressés aux parcours de vie qu'aux cours de religion. Jeunes et vieux apprennent ensemble que la transmission de la foi, c'est d'abord une redécouverte à faire, de génération en génération. Ce n'est jamais une simple reproduction, une répétition. Jeunes et vieux sont conduits à remettre en cause les pratiques, les rythmes, les façons de dire et de vivre la foi pour traduire aujourd'hui le vieil et toujours neuf Évangile. Se réalise alors quelque chose de l'étonnante prophétie de Jérémie: «Et plus jamais un homme ne devra enseigner son voisin ou son frère, disant: ‹Sache ce qu'est Yaweh!› car tous me connaîtront, du plus petit au plus grand» (Jr 31,34).

La recherche du bonheur

Le bonheur? C'est un mot dont on n'ose plus parler aujourd'hui. Un mot trop grand, qui embrasse trop large. Un mot qu'on formule en début d'année, ou au jour du mariage, comme un souhait! Le bonheur? ça n'existe pas, répondent bien des gens. Nous sommes devenus sceptiques face au bonheur. Dans le siècle dernier, trop d'idéologies nous avaient promis des lendemains qui chantent. Marxisme, néocapitalisme, société des loisirs, liberté 55, progrès scientifique perpétuel, etc. Nous sommes revenus de ces rêves. Et nous sommes désormais comme échaudés face aux illusions. Les religions elles-mêmes apparaissent trop souvent comme promettant trop facilement *a pie in the sky.*

Il y a les drames quotidiens qui font sans cesse reculer l'horizon du bonheur. Le bonheur? Est-ce un vain mot? Non, car malgré tout, malgré la fin des utopies, malgré les difficultés du temps, les gens continuent d'aspirer au bonheur. Il se peut même que, en raison des lourdes menaces qui pèsent, le désir du bonheur se révèle aujourd'hui plus intense. Secrètement. Si l'on pose sans hésiter la question: «Comment ça va?» on se risque rarement à demander: «Es-tu heureux? Es-tu heureuse?» La question est trop indiscrète. Elle va au plus profond de chacun de nous.

À qui irions-nous? Quelle est la route du bonheur? La question est toujours actuelle. «Je bois à la gourde vide du sens à la vie», parole de Gaston Miron que chante Chloé

Sainte-Marie[4]. Toujours la même quête, toujours la même question depuis le fond des âges. «Beaucoup demandent: ‹Qui nous fera voir le bonheur?›» (Ps 4). «Je ne sais plus ce qu'est le bonheur...» (Lm 3,17). «Ma vie est une corvée... Le soir n'en finit pas... Mes yeux ne verront plus le bonheur» (Jb 7,7).

Au temps où s'effondraient les institutions politiques et les références religieuses de son temps, le prophète Jérémie donnait la consigne suivante. «Arrêtez-vous sur les routes pour faire le point, renseignez-vous sur les sentiers traditionnels. Où est la route du bonheur? Alors, suivez-la et vous trouverez où vous refaire» (Jr 6,16).

À travers les bouleversements et les recherches exacerbées de notre temps, bien des gens sentent le besoin de s'arrêter et de faire le point. S'arrêter et faire le point de notre évolution politique depuis un demi-siècle: c'est ce à quoi bien des penseurs et des politiques s'essaient ces années-ci. S'arrêter et faire le point sur les valeurs, sur ce qui est essentiel: c'est ce bilan que bien des individus cherchent à faire à la suite d'expériences en tous sens, les plus sensées comme les plus folles. S'arrêter et faire le point sur le rapport à la religion qu'on a balancée ou qu'on a remisée dans le fin fond de la conscience.

Dans ce réexamen en cours, la question du bonheur devient centrale. Perplexe, on hésite d'abord à revoir les sentiers traditionnels dont parle Jérémie. On préfère essayer les sentiers inédits: le Nouvel Âge, la dernière technique de relaxation, tout ce qui est tendance. Par exemple, dernière illusion à la mode: le bonheur que nous annoncent les prophètes de l'informatique. Ils nous promettent ni plus ni

---

4. Disque *Je marche à toi*, Montréal, 2003.

moins que la « cyberbéatitude ». On aurait le bonheur au bout des doigts. L'informatique sauverait le monde. Il y a des gens qui emplissent leur journée d'Internet et de clavardage *(chatting)*. Ils surfent sur la toile du monde et se noient dans le déluge de l'information. Or, il est clair que « le bonheur individuel n'est pas plus au bout du clavier que la société de demain n'est au bout des réseaux[5] ». On garde encore une tendance à croire que le bonheur de l'humanité va surgir des connaissances et des techniques. « Je n'attends pas le bonheur de mon ordinateur[6] », reconnaît tout bonnement Jean Delumeau.

Les sentiers traditionnels du bonheur, ce sont les sentiers que trace la ligne du temps : l'attente, l'instant, la durée, le temps retrouvé.

Attente joyeuse et active de la fête qui vient, du voyage prochain, des vacances d'été, de la promotion espérée, de la guérison après la maladie, du retour après le départ, etc. Attente plus profonde d'une vie simplifiée, protégée du mal, heureuse. Désir et attente d'un monde en paix, solidaire, réconcilié. Attente par-delà la mort... Or, aujourd'hui, l'attente nous paraît insupportable, aussi bien à l'ordinateur qu'à l'épicerie ou sur l'autoroute. Nous sommes particulièrement marqués par la vieille tentation du « tout, tout de suite ». C'est la volonté d'effacer le temps, le temps qu'il faut pour que viennent les choses : le printemps, la croissance, la maturité, la joie, l'amour. Le temps de l'effort et du travail qu'il faut pour semer, grandir, bâtir, reconstruire, apprendre, apprendre à vivre, apprendre à aimer.

5. Jean-Claude Guillebaud, *La refondation du monde*, Seuil, 1999, p. 465.
6. Jean Delumeau, *loc. cit.*, 18 novembre 2004, p. 70.

Pour être heureux, il faut cependant plus que des attentes. Il faut des moments heureux. Il faut qu'à certains moments l'attente soit goûtée, saisie, réalisée, au moins en partie. Il faut des commencements, des germes, des premières lueurs, des premiers fruits. Il faut un début de réalisation. Il faut des arrhes, comme on disait autrefois. On dirait aujourd'hui : nous avons besoin d'une avance, d'un acompte de bonheur, de signes de bonheur. Il faut des instants exquis, lumineux, où l'on sent que le bonheur nous rejoint. Nous avons besoin de notre ration quotidienne de bonheur. Comme on demande le pain quotidien, on pourrait tout aussi bien demander : « Donne-nous aujourd'hui notre part de bonheur. » Cela aussi fait vivre.

Il n'est pas nécessaire de beaucoup insister sur cet ingrédient du bonheur que sont les instants heureux. Toute la culture ambiante nous invite à profiter du moment, à jouir de l'instant présent. C'est un trait parfois excessif de notre temps, mais il y a une part de vérité là-dedans. Quand je fais une excursion, je ne vis pas seulement dans l'attente du bonheur d'arriver au sommet. Je me réjouis de toutes les surprises et révélations du sentier : le silence du sous-bois, le tonnerre des cascades, la fraîcheur d'une source, les risques d'une falaise, et jusqu'à la fatigue des jambes et la sueur du corps. Ainsi de la vie. Le bonheur n'est pas seulement un horizon lointain. Le bonheur, c'est aussi le présent, l'humble cadeau de vie qu'est chaque jour.

Mais, objecte-t-on, le moment présent n'est pas toujours agréable. C'est vrai que la vie mélange sans cesse le doux et l'amer. On accroît sa capacité de bonheur quand on sait accueillir l'un et l'autre avec une âme égale. Autant il importe de savoir goûter les instants de plaisir et de douceur, autant il faut savoir traverser les moments de trouble et d'amertume.

André Comte-Sponville rappelle le mot du philosophe Alain :
« Comme la fraise a goût de fraise, ainsi la vie a goût de bonheur », mais il ajoute l'autre versant. « Comme la bière a goût
de bière, ainsi la vie a goût de mort. Alors ? Fraise ou bière ?
Bonheur ou amertume ? Faut-il choisir ? Le peut-on ? Le doit-
on ? Il me semble qu'il faut apprendre à aimer les deux, dans
leurs différences[7]. » Celui qui ne voudrait cueillir que des
fraises risque vite de se retrouver déçu et malheureux.

Pour être heureux, il faut davantage : il ne suffit pas de
savoir attendre et d'accueillir les plaisirs et les joies instan-
tanés, les « bonheurs d'occasion ». Il faut que cela dure. Le
bonheur, c'est l'attente et la joie devenues permanentes, un
peu moins fébriles, mais plus profondes, plus assurées. Les
moments de plaisir et de joie apportent les éclats de rire, la
durée fait naître le sourire intérieur, un sentiment d'éternité
heureuse. Par-delà les instants de grâce, il y a l'état de grâce.
La durée, c'est l'aspect du bonheur qui nous paraît aujour-
d'hui le plus difficile. Nous avons horreur de ce qui est « toujours pareil », « toujours la même chose ». La durée nous fait
peur, car elle devient vite pour nous synonyme de quiétude,
d'habitude, de répétition. On se lasse si vite, on se lasse de
tout. Même du bonheur ! « J'avais tout pour être heureux,
mais... » Pour accroître notre capacité de bonheur, il faut
apprendre à distinguer ce qui est nourrissant et ce qui ne l'est
pas. Ce qui enrichit et ce qui appauvrit. Ce qui est passager, ce
qui est durable. Comme on tente de le faire présentement en
écologie.

Enfin, le bonheur s'alimente aux souvenirs heureux. La
mémoire joue en effet un rôle capital dans notre capacité
d'être heureux. Elle peut être cette faculté délicieuse qui

---

7. André Comte-Sponville, *op. cit.*, p. 55 et 61.

revigore et ravitaille le cœur. Ou cette faculté blessée qui handicape la capacité d'aimer et l'aptitude à faire confiance en soi-même et en la vie. On sait aujourd'hui l'importance fondatrice des expériences de la petite enfance et les répercussions qu'elles entraînent sur tout le reste de la vie. Mais c'est aussi la somme de nos expériences passées, avec les joies et les fracas que nous avons connus, qui nous rend plus ou moins doués pour le bonheur. C'est pourquoi il est important de se faire des réserves de souvenirs heureux. Non seulement parce qu'il y a un certain bonheur à se rappeler les joies anciennes, mais aussi parce que le passé heureux rend capable d'envisager un avenir heureux. Ce n'est pas là de la nostalgie. Dans la vie, il y a beaucoup de choses qu'on apprend par la voie difficile, la voie des épreuves, *the hard way* comme disent les Américains; mais il existe aussi beaucoup d'autres réalités qu'on ne découvre qu'à partir de l'expérience du bonheur.

Les Églises ont certes une contribution à apporter à la recherche du bonheur. Mais cette contribution est appelée à prendre une forme nouvelle. Le théologien Jean-Pierre Jossua touche une note juste et rejoint les sensibilités actuelles lorsqu'il souligne qu'aujourd'hui, en plus de nos confessions de foi et d'espérance, nous avons besoin de la confession du bonheur pour surmonter les angoisses de ce temps: « La confession de foi, nous le savons bien, est essentielle. Sans ce roc, au cœur de la conversion personnelle et ecclésiale, rien ne tient. On sait aussi qu'elle a dû prendre en ce siècle la forme d'une confession d'espérance, car c'est cela qui résonnait dans l'angoisse et l'attente des personnes et des groupes humains. Peut-être le moment vient-il où c'est surtout la confession du bonheur qui répondra au désir des êtres. À condition qu'elle naisse d'une expérience vraie et profonde, qui ne nie pas la douleur[8]. »

---

8. Jean-Pierre Jossua, *Mon amour vient à moi*, Cerf - Mediaspaul, 1996, p. 22.

La recherche et la confession du bonheur, c'est peut-être surtout par ce chemin que les gens d'aujourd'hui peuvent trouver accès à la foi, à l'expérience croyante. Ils y viennent, ils y viendront moins par les chemins de l'enseignement et de la connaissance, car les vérités ne disent rien si elles ne parlent pas au cœur, si elles ne sont pas d'abord réchauffées par le cœur. Ils y viennent, ils y viendront moins par l'attrait des promesses et des espérances, car on craint les fuites en avant et les sécurités trop facilement acquises. Ils y viennent déjà, ils y viendront peut-être davantage par le chemin de ce qui a goût de bonheur. Le chemin de l'expérience «bonne» et «nouvelle». À partir d'une expérience vraie, qui n'occulte pas la douleur, la face négative de toute existence.

Les appartenances à protéger

Le monde actuel est affronté à la mondialisation et à la nécessité de concilier les cultures et les races. C'est un défi majeur à l'horizon. Nous sommes ainsi appelés à développer un nouveau rapport au monde. Déjà, tous sont à même de le constater: les appartenances aujourd'hui sont lâches, chacun se découvre seul et pourtant virtuellement relié à l'univers. Comme sans résidence fixe. On développe un rapport touristique au monde. Un bel exemple: l'Internet, cette sorte de sixième continent où le monde entier se rencontre. Après deux ou trois clics, on peut communiquer et jouer aux échecs avec des gens d'Afrique du Sud et de Californie, sans les connaître, seul devant son écran. On devient citoyen du monde! Fini le village fermé, voici réalisé le village global! Ou plutôt la société planétaire! Marquera-t-elle vraiment l'accession à la liberté? ou le départ collectif en exil?

Jérémie annonçait l'exil forcé, sous la pression des armes. Il y a toujours des millions de personnes déplacées et exilées, à cause des conflits et des famines. Il y a des millions de personnes qui émigrent et partent en exil pour trouver un travail, une maison, une famille, une vie plus décente. Il y a les exilés de la mondialisation : ceux et celles que la vie et le travail déplacent d'un coin du monde à un autre, d'une ville à une autre, d'un pays à un autre. Cet exil volontaire ou imposé est en passe de devenir une réalité rêvée. Cet exil ou cet éloignement obligé paraît être une nouvelle source de liberté. Dans un monde de mutants, on se découvre affranchi de toutes les frontières, de tous les liens. Enfin libre !

On proclame « la fin de l'existence incluse », écrit le philosophe Alain Finkielkraut[9]. Tout entre dans l'ère du libre-service et de l'universel. De plus en plus, l'attachement à la langue, à la culture, à la nation, à une religion, paraît être source d'une vie rétrécie, d'un enfermement. À l'heure de la mondialisation, il conviendrait de devenir tous mutants, ou exilés nouveau genre. Ce serait la formule finale de l'émancipation et de la destinée humaines. Voici l'homme enfin humain, parce que devenu universel ! Mais cette ouverture au pluralisme, à l'universel, ne va pas sans menaces. Finkielkraut note que le pluralisme culturel, quand il est sans contenu, et la communication, quand elle tourne à l'abstraction planétaire, n'habilitent pas à affronter les défis de la vie. Il cite Chesterton : « Le globe-trotter vit dans un monde plus restreint que le paysan[10]. »

En notre temps, comme dans le passé, il y aurait un risque grave à ne souligner que le culte de l'appartenance, les frontières culturelles et religieuses, l'enracinement, voire parfois l'enfermement des individus dans leur race, leur culture, leur

9. Alain Finkielkraut, *L'humanité perdue*, Seuil, 1996, p. 152.
10. *Ibid.*, p. 155.

religion, leur Église. On n'a qu'à regarder les violences inter-ethniques qui flambent sans fin en Irlande, dans les Balkans ou en Afrique. Mais les excès de l'enracinement ne doivent pas nous faire oublier l'expérience inverse du déracinement et de la non-appartenance. Aucun particularisme ne doit revendiquer la totalité de l'être humain. Mais aussi, et indis-sociablement, avant d'être universel, il faut avoir un pied-à-terre, une terre à soi. Comme on met le pied sur une rive, avant de pouvoir aborder l'autre. Comme on parle une langue avant de devenir bilingue ou trilingue. On peut souhaiter et désirer un monde sans frontières; que ce ne soit toutefois pas un monde sans patrie, d'une seule langue, d'une seule culture, mais un monde réconcilié avec la variété et avec les différences entre les humains et leur coin de terre originel et original.

Dans ce contexte de libre appartenance, nous sommes devenus très sévères envers les institutions. Il n'y a plus de références acceptées et reconnues que celles des énoncés des chartes des droits et libertés de la personne. Contre les propos souvent très (trop) durs envers tout ce qui est institution – école, famille, mariage, État, Église –, il convient de souligner ceci à l'attention des postmodernistes libres que nous sommes: «Tout ce qui est donné à l'homme et non construit, choisi, voulu par lui, n'est pas, *ipso facto,* oppressif ou alié-nant. Tout ce qui conditionne son être n'est pas de l'ordre du conditionnement: il y a des limites au pouvoir de chacun sur sa vie, qui ont la paradoxale vertu de rendre la liberté pos-sible[11].» Ce rappel est plein de sagesse.

Il y a des limites à ce que chacun peut inventer: je dis merci pour la tasse de café du matin, la cuillère sur la table et

---

11. *Ibid.,* p. 148.

l'institution qu'est devenue la baguette de pain. Je ne pourrais pas recréer le monde chaque matin! Ainsi des institutions qui sont comme les remparts et les soutiens de la vie en société. Elles facilitent grandement notre existence. Le dilemme n'est donc pas ou bien la personne ou bien l'institution. Ou bien le poids des institutions ou bien l'envol libre du sujet. Ou bien une nationalité ou bien l'ouverture internationale. Ou bien une religion ou bien la liberté. Ou bien sauver les individus ou bien sauver les institutions. Il faut apprendre dans nos vies de nomades à goûter la liberté personnelle en même temps que la paix et l'économie des institutions. Et si on ne le fait pas, on aura comme individu bien du mal à recoller les morceaux de sa vie.

De même, les croyants d'aujourd'hui n'acceptent plus d'être totalement déterminés par leur sol ou leur origine religieuse, encore moins par l'institution ecclésiale. Mais ils refusent tout autant qu'on les force au déracinement et qu'on leur retire leur attachement, même fragile, à une tradition qui est à la base de leur existence. Jusqu'à présent, on était catholique ou protestant, chrétien ou juif, croyant ou incroyant. Un âge s'annoncerait où, avec l'abolition des distances et des patries religieuses, chacun pourrait être à égalité le passant ou le visiteur de toute chose. On ne serait plus le fidèle ou le pratiquant d'une religion, on serait devenu le touriste et le client du marché des religions.

Est-ce là ce que le Seigneur annonçait quand il disait à la Samaritaine: «Il vient le temps où on adorera en esprit et en vérité» (Jn 4,23)? Le temps où tous les courants se rencontreront? Ce pourrait être la Pentecôte. Ce pourrait aussi être Babel. On pourrait faire de la terre un jardin; on pourrait aussi en faire un désert. Sur le plan écologique du moins, on cherche à maintenir la biodiversité. Du côté culturel, les médias semblent nous faire marcher vers un unique jardin pour visiteurs passagers. À l'inverse, quand Jérémie consentait à l'exil, il enracinait bien fort dans l'esprit des gens le retour au pays de leurs pères et la confiance en leur Dieu. Le pire drame qui puisse nous arriver dans la mondialisation en cours, c'est d'oublier et de nous retrouver expatriés de tout ce qui a fait l'humanité jusqu'ici. Vivre, croire, c'est toujours se souvenir pour l'avenir.

Conclusion

La fin : point de départ

❧

Au début de ce livre apparaissait en exergue le mot de T. S. Eliot : *What we call the beginning is often the end. And to make an end is to make a beginning. Then end is where we start from.*

Inspiré par ce mot du poète anglais d'origine américaine, je commençais ce livre par la fin. En effet, sa trame de fond a été la métaphore de l'automne, qui est d'abord et avant tout symbole de fin, mais qui est aussi secrètement symbole de commencement. J'ai cherché à dire des fins qui se produisent et des commencements qui s'amorcent. Fin et commencement dans la vie personnelle. Fin et commencement dans la vie ecclésiale. Fin et commencement dans la vie actuelle du monde.

J'ai tenté de dégager quelques-uns des travaux ou des tâches d'automne qui s'imposent pour qu'à travers ces fins et ces commencements quelque chose apparaisse qui dépasse les alarmes et nourrisse l'espérance. Que jaillisse un Évangile, c'est-à-dire une bonne nouvelle, pour la vie personnelle, pour la vie en Église, pour la vie de notre société. Non pas un Évangile annoncé de haut, mais un Évangile qui naît à travers les déclins et les renouveaux, à travers les fragilités et les forces qui se manifestent: dans la vie personnelle, dans la vie de l'Église, dans la vie du monde.

À chacun des chapitres, une page de la Bible nous a servi de révélateur, non pas pour trouver réponse à nos questions de l'heure, mais pour trouver une inspiration, pour aider à dégager une vision, une perspective critique, qui nous permette d'avancer. La sagesse que l'on trouve dans la Bible ne donne pas de recettes, mais dans ce livre que traverse d'un bout à l'autre une promesse de liberté sans cesse perdue et toujours renouvelée, un rêve sans cesse brisé et sans cesse retrouvé, on trouve une ligne, un horizon d'espérance et de vie. À chacun d'ajouter les intuitions et les repères qui proviennent d'autres sources de sagesse: l'expérience de la vie, la philosophie, les sciences, les arts, l'éthique, la littérature...

Arrivés à la fin de ce livre, nous sommes au point de départ. À quoi peuvent servir finalement ces réflexions inspirées par la foi chrétienne? À cette question, les esprits pratiques que nous sommes s'attendent d'emblée à une réponse pragmatique. La réponse peut se formuler à même les fonctions de la religion elle-même. Son rôle consiste à apporter un surcroît de sens dans la quête que chacun mène pour trouver une signification à sa vie. Il consiste à créer des liens et des lieux de communion pour briser la solitude du monde. Il consiste à établir le dialogue avec ce que les uns appellent le spirituel transcendant, avec celui que les croyants prient en l'appelant leur Dieu. Il consiste à fonder les choix moraux, à discerner les meilleurs chemins d'humanisation. Il consiste à éclairer les deux questions majeures qui hantent et divisent le monde: comment vivre ensemble dans la paix entre individus, entre cultures et nationalités diverses? comment envisager le destin futur du monde et du cosmos?

J'ai tenté de préciser ce rôle dans le contexte des automnes que nous avons à traverser, individuellement et collectivement. Comment vivre le vieillissement : en cueillant le présent, en se réconciliant, en faisant preuve de magnanimité, en acceptant l'ailleurs. Comment vivre l'automne qui déferle sur l'Église : en cherchant à faire une Église au service de la vie, en acceptant d'avancer non pas avec le catéchisme de toutes les réponses, mais avec en poche quelques humbles certitudes qui font vivre, en pratiquant avant tout la compassion, en s'efforçant de créer des chemins de communion et de fraternité réellement vécues, en osant avancer sur des routes désertes. Enfin comment vivre l'automne qui a refroidi le monde et les relations entre nations depuis le choc de l'année 2001 : en acceptant les fragilités contemporaines, en développant le souci de la vie entière, en investissant dans les terrains nouveaux.

Mais la religion n'est pas purement fonctionnelle. À bien des égards, elle ne sert à rien. Comme la philosophie, comme la musique, comme la poésie. L'Évangile est bien plus un poème sur la vie qu'un livre d'instructions. Ainsi, la religion devrait-elle conduire à faire de la vie un poème qui dise la joie, l'amour de la vie, la gratitude. La gloire de Dieu, c'est l'homme vivant, qui se retourne en reconnaissance vers son Dieu. « La gratitude n'est pas seulement la plus grande des vertus. Elle est la mère de toutes » (Cicéron).

Dans cette époque qui est la nôtre, il y a des achèvements pénibles et des surgissements imprévus, des fléchissements et des reprises, de graves éclipses et des lueurs prometteuses. On dirait un crépuscule, on dirait une aurore. À travers l'un et l'autre se fait jour un Évangile d'automne !

Table des matières

MEMBRE DU GROUPE SCABRINI

Québec, Canada
2005